古神道による日本復活

神ノ国現《ア》レマセリ

大和之宮《やまとのみや》 宮主
安食天恵
Ajiki Tenkei

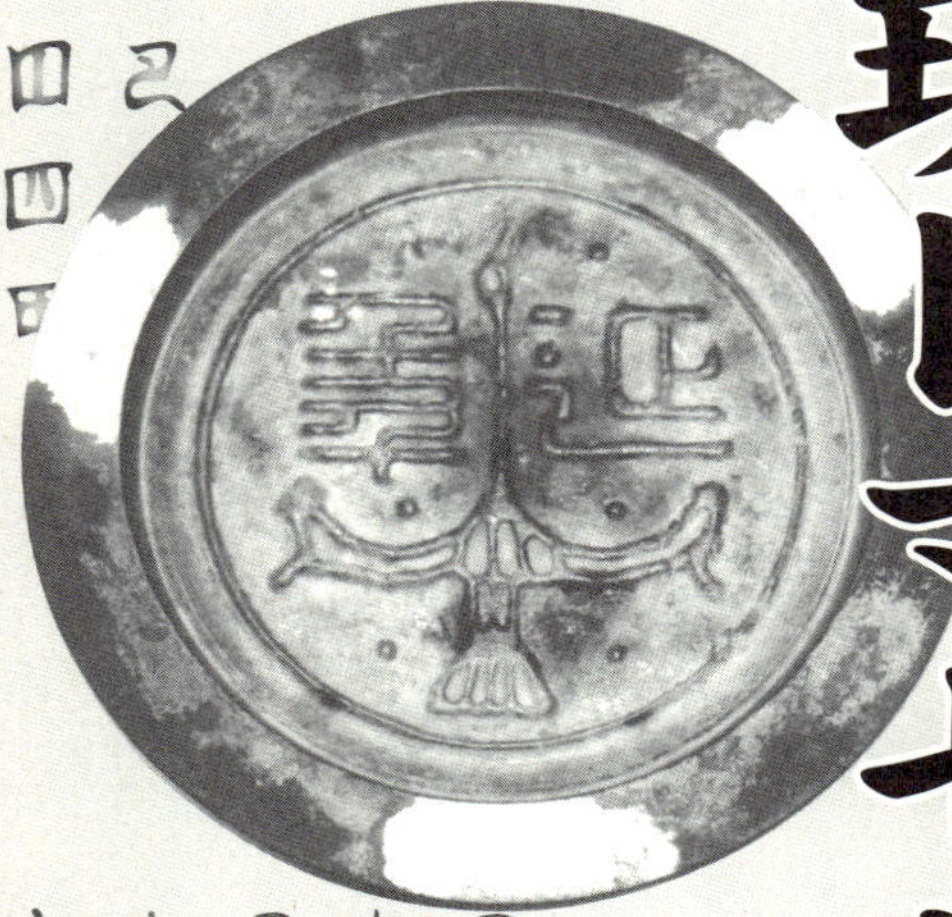

たま出版

まえがき

昭和四十五年十一月二十五日。三島由紀夫が自衛隊市ヶ谷駐屯地に至り、

「……日本を日本の真姿に戻して、そこで死ぬのだ。生命主体のみで、魂は死んでもよいのか。生命以上の価値なくして何の軍隊だ。今こそわれわれは生命以上の所在を諸君の目に見せてやる。それは自由でも民主主義でもない。日本だ。われわれの愛する歴史と伝統の国、日本だ。これを骨抜きにしてしまった憲法に体をぶつけて死ぬ奴はいないのか。もしいれば、今からでも共に起《た》ち、共に死のう。われわれは至純の魂を持つ諸君が、一個の男子、真の武士として蘇ることを熱望するあまり、この挙に出たのである」

という絶叫にも似た檄文を残して割腹を遂げた事件を、私は今もありありと思い出します。氏の国を憂れう気持ちは、私とて同様ですから痛いほどわかります。しかし死んでしまっては伝えられないのです。

どうして日本はこんなにも腐った国に成り下がってしまったのか。官は公僕たるを忘れ、民は国を思わない。母は子を育てず、子は親を敬わない。老は肩身を狭め、若きは希望を見失った。男はひ弱になり、女は品性を地に落としてしまった……。

この惨状とも言うべき我国の腐敗ぶりの原因は、自分の国に誇りと自信を無くしたからにほかなりません。戦後の左翼的風潮と教育によって、日本国民全員が自虐の呪縛に捕われてしまったことから堕落が始まったのです。

私は大神様から御神示をいただく者として、いかに日本が素晴らしい国であるか、そしていかに日本人の霊性が凄いものであるかを皆様にお伝えいたします。私はそのことをお伝えすることで、日本人に愛国心と自国への誇りを取り戻させ、日本を再び世界の中心的役割を果たす国家として蘇らせるよう、大神様より御下命いただいております。

第二次世界大戦によって日本人が失ってしまったのは、神様と自らの高い霊性です。神性を取り戻し、日本人としての魂を蘇らせ、堂々と誇りを持って進めるようにならなければ、この国は救われません。

西洋文明が破滅に近づいている今この時こそ、日出ずる国、万世一系の御皇室を中心にいただく日本の本領が大きく発揮されるときです。

日本国の真の役割を果たすためにも、皆様に本当の意味での日本人としての自覚をもっていただきたいと、私は切に願っております。

皆様の日本人としての魂の蘇り、そして霊性の向上に、この本がお役に立たせていただけますことを、心より感謝申し上げます。

神ノ国　現レマセリ～古神道による日本復活～◆目　次

第九章　御神仏様から宇宙につながる一本の道……193

第一章　日本・大和魂

武士道と明治の偉人たち

日本は「にっぽん」と発音します。「にほん」ではありません。「にっぽん」と言いますと腹に力が入りますが、「にほん」では腑抜けた音になってしまいます。呼気を詰める「ッ」という促音と、詰めを破る「ポ」という破裂音に大和魂を蘇らせる力があるのです。

大和魂とはまず潔さ。勇気がある云々のレベルではなく、潔い覚悟が出来るということが大和魂の第一番目です。次に純真無垢、そしてまっすぐに神に通じる魂、最後に清廉潔白なる魂。以上が大和魂であり、これが日本の精神の基になっています。

日本の精神の最も端的な現れが武士道です。武士道とは高潔で雄々しく、名誉と尊厳を重んじ、自己犠牲を厭わない無私の精神です。幕末から明治を生きた剣客であり思想・政治家であった山岡鉄舟は、勝海舟と西郷隆盛の仲介役として江戸城無血開城を演出した傑物ですが、彼は武士道に関する講演の中で、「目上の者に対する忠節、孝行、仁、正義、礼節、分別、信仰、節度、武勇、名誉、力強さ、純粋さ、慈悲、夫婦愛、謙虚という徳目のすべてを全うする者が本物の武士の正道を歩む」と語っています。さらに彼は、「天と地がそれぞれに分かれる前にすでに武士道の萌芽はあった」とし、日本神話の中の神々の行為にその礼節と勲（いさお）の原点を見出しています。この武士道精神があったればこそ、明治維新で活躍された志士たちも輩出されたのです。

外圧に屈した江戸幕府を覚醒させるために数々の行動を起こした吉田松陰。彼は自ら主宰する松下村塾で、外国の侵略に対応できる軍事知識と見識を塾生に注入し、思想学問と実践を一体化させた教育を施しました。幕府から危険人物と見なされた彼自身は刑死したものの、彼の愛した「至誠留魂（真心をもってことにあたれば、自ずから志を継ぐものが現れ道は開ける）」の言葉通り、門下からは維新の志士・高杉晋作、後に明治の元勲と称せられた伊藤博文、山県有朋など多くの偉人が輩出されています。国の名誉を尊ぶ彼の思想が、明治という日本の近代国家の礎《いしずえ》になったのです。

世界に類を見ない江戸城無血開城という王政復古クーデターに成功した西郷隆盛も、私の愛してやまない偉人の一人です。彼の「敬天愛人」の語は、そのまま私の座右の銘でもあります。

先頃誕生された新宮様の御名《ぎょめい》は敬宮《としのみや》愛子様です。この御名は孟子の「愛人者、人恒愛之／敬人者、人恒敬之（人を愛する者は常に人から愛され、人を敬う者は常に人からも愛される）」からとられたそうですが、私は幕末という日本国の瀬戸際の時代に現れた西郷隆盛の御霊《みたま》が、同じく瀬戸際である現代日本に対して、こうした形で「天を敬い人を愛する」

の精神をお示しになったのだと信じております。

徳川幕府の行き詰まり及び黒船来航という外圧に対して、毅然と立ち向かった志士たちが唱えたのは尊王攘夷（天皇を大切にし外敵を打ち払う）でした。彼らが目指した王政復古（天皇による政治）は、復古神道の理論が基本になっています。全てが行き詰まった現在の状況下で、大神様が私に御下命されることも尊王であり、古神道の復活ですから、私は明治維新と平成の改革を重ねずにはいられません。ただそうした場合に私の胸を締めつけるのは、徳川三百年の夢を覚ました黒船来航と同じ年に東海地震と南海地震が連続して起きていること、その翌年には安政の大地震が起こって江戸市中の大半が被災したことです。

左翼的教育者に牛耳られている現在の日本の教育界では、授業からも教科書からも次々とこれら偉人の話が神話と同様に消されていっています。明治という時代が輩出した武士道精神で貫かれた偉人たちの話は、日本国内よりはむしろ外国での評価のほうが高くなっているのも、実に嘆かわしい話です。

明治三十八年五月二十七日、日露戦争の日本海海戦でロシアのバルチック艦隊を完破して、一躍世界的名声を博した東郷平八郎元帥もその一人です。

第二次世界大戦でアメリカ軍太平洋艦隊司令長官を務めたニミッツは、海軍兵学校の教科書で「東郷ターン」の話を読み、艦隊への憧れを確固たるものにして軍人の道を進んでいます。またニミッツは「勝って兜《かぶと》の緒を締めよ」で始まる東郷元帥の檄文に触発されて、海軍の平時の備えの重要さを痛感。後に自国海軍の軍備を完璧に整えています。ニミッツが神とも仰ぐ東郷元帥の偉業は、各国海軍でも今もって鑑《かがみ》とされており、アメリカ海軍兵学校の教科書にはいまだに東郷平八郎の名が、その偉業とともに記されていると聞き及んでおります。

古武士の精神で一生を貫き、静子婦人とともに明治大帝に殉ぜられた乃木希典大将も世界的に高く評価される明治の偉人です。乃木大将により帝政ロシアの圧政から解放されたトルコでは、今もって大将は神様扱いですし、古老に「マレスケ」の名も多く見られます。「水師営会見の歌」は作詞家が直接乃木大将にお話を伺って作られたもので、乃木大将の人となりを余すところなく伝えていて一掬《きく》の涙を禁じえません。この歌は二〇三高地の激戦の末に日本が勝利し、乃木大将と降伏したロシア軍司令官ステッセルの会見を歌ったものですが、その中でステッセルが二〇三高地で戦死した乃木大将の二人のご子息を悼《いた》み、大将の心中をお察しするところがあります。居住まいを正して伺うステッセルに、大将は「二人の息子はそれぞれに、死所を得たるを喜べり。これぞ武門の面目」ときっぱりお答えになったと歌は伝えています。いかに子煩悩であられたかという大将のエピソードと考え合わせますと、大義を第一に貫かれた乃木大将の精神性の高さに頭を下げずにはいられません。

敵の将軍であったステッセルは帰国後、皇帝から銃殺刑を言い渡されてしまいました。しかしこれを知った乃木大将は、駐ヨーロッパ大使に命じてヨーロッパのマスコミに「善戦したあげくの将の引責銃殺許すまじ」の論陣を張らせ、見事ステッセルの助命を成功させています。武士道精神は、たとえ敵といえども相手の武士《もののふ》の心を尊ぶものと感銘を与えられる後日談です。その後、乃木大将は明治大帝御崩御に殉じられたのですが、この時ステッセルより乃木大将に弔文が寄せられました。差出人は「ロシアの一僧侶」となっていたそうです。

国辱的歴史観を払拭して、日本が名誉ある国家として蘇るためには、こうした偉人たちの復活が必要不可欠です。歴史から消された人たちを、日本神話とともに蘇らせることは、今の日本社会には絶対に必要なことです。明治の偉人を称える本をもっと出版すべきです。実際に、これらの人々が近代日本の礎を創ってきたのですし、彼らが守り貫いてきた大和魂にこそ、神性が大きく作用するからです。

二〇三高地・旅順慰霊

平成十三年三月十三日、「かの地に行きて、国のために命を捧げた武士の魂を鎮めよ」との大神様の御神示に従い、私は旅順に入りました。

この季節は普通それほどの寒さではないと聞いていたのですが、私ども一行はこの日突然の吹雪に見舞われてしまいました。何しろ風が強くて、高速道路を走る車が横倒しになりそうになり、風は旅順に近づけば近づくほど強まってくるのでした。

強風には雪が混じり始め、二〇三高地の手前にある検問所を通り抜ける頃には、もう前が見えないほどの猛吹雪になっていました。この激しい風と雪は「このような極寒の中で我々は国を賭けて戦ったのだ」と、英霊たちが私に教えているようでした。

二〇三高地に行くには斜面を徒歩で登らなくてはなりません。寒さは冷たさを通り越して痛みとして頬に突き刺さってきました。私はスカーフを頭からスッポリとかぶり、きつく縛って歩きましたが、それでもすさまじい逆風のため、後ろ向きに歩かなくては一歩も進めないほどでした。

余りの辛さに内心では（車の中で勘弁していただきたい……）などと弱音を吐いていたのですが、随行してくださった中国の軍人さんは、「さ、行きましょう！　軍人らしく登りましょう」とズンズン登って行かれるのです。

私どもは身体中をホカロンで〝武装〟していたのですが、軍人さんはそんな軟弱な暖房用具など意地でも使わないらしく、「何をへこたれているんだ、かつての軍人はこんな中を登って行ったんだぞ」と檄をとばすのです。その言葉に私はしゃきっと奮い立ち、吹きつける風雪に逆らって長い斜面を登り切りました。

やっとの思いでたどり着いた頂上にある記念碑の前で、我々は慰霊式に取りかかりました。お線香を焚き、お経を読み始めると、強風はさらに勢いを増してきました。般若心経を六巻唱え、「日本の兵隊さん、中国の兵隊さん、ロシアの兵隊さん、皆仲良く手をつなぎ合って天にお昇りください」と呼びかけると、お線香が急に炎を出して燃え上がってしまいました。「まるで天に巻き上げられそうだった」と、参加した信徒さんのお一人はその時のことを語っています。一行の中にはその様子をフィルムに収めようとした人もいたのですが、シャッターを押そうとする度に風で身体が吹き倒されてしまうのでした。

今思い返してみても、あれは凄い行でした。ところが旅順まで戻ったところ、空はもうすっかり真っ青に戻っていたのです。私は兵士たちの魂が、喜んで天にお帰りになったことをしみじみと実感させていただきました。

空は青く晴れ上がっても強風は相変わらずでしたから、大連の空港は閉鎖され、全便が

203高地で日中の兵士様の慰霊を行ったときの一枚。青龍寺でいただいた線香を使用した。

通行許可証がないとこの先は行けません。

髪の毛、まゆ毛、まつ毛、カメラなど全て凍ってしまいました。寒くてもめったに雪は降らない場所だそうです。

欠航になっていました。それなのに何故か我々が乗る飛行機だけは定刻で出航したのです。神様の御用で来た我々には神様の予定がびっしり詰まっていますから、神様はその予定通りに我々をお運びくださったのでしょう。

翌日。我々は今度は万里の長城の慰霊に出かけました。この地で日本の英霊たちが遂げた偉業をまざまざと体験した私は、心から万歳を叫びました。そして誓いを新たにした私は、「皆様方の思いを絶対に無駄には致しません。日本を必ずつくり変えるという決心で頑張ってまいります」という誓いを、自分の魂にも刻み込んだのでした。

慰霊をしていますと、その地の御霊《みたま》の思いが私に波のように押し寄せます。今回の慰霊は、物凄い激戦地で互いが国の命運を賭けて壮絶に戦ったわけですから、無念の思いの魂がいっぱいでした。

そういった魂は、亡くなられてもまだ戦いを続けておられます。中国と日本は、例えば教科書問題のように、戦後五十年以上経ってもまだにらみ合い、いがみ合っているのですが、それはこの御霊たちのなせる業なのです。

私は争いながら浮遊しているたくさんの御霊に、「もういいですよ、戦いは終わりました」と呼びかけ続けました。何はともあれ、魂同士に和解をしていただかなくてはなりませんから、「どうぞ私のお経で成仏してください。行き先がおわかりにならないなら線香の煙に乗って、まっすぐ行かれますと霊界があります。どうぞそちらへ行ってください」と、祈りを捧げて参りました。

　その後の教科書問題では、さほどの騒ぎにはならなかったのですが、これはこの慰霊が効を奏したのだと私は確信しております。今後は一日も早く韓国へ慰霊に行きたいと思っております。

明治天皇の偉業

　大偉人を輩出した明治という時代の核をなしたものは、やはり明治天皇です。皇統譜第百二十二代であらせられる明治天皇は、わずか十五歳で即位され、日本を御一代で近代国家に生まれ変わらせ、しかも世界の一等国にまで成長させた方です。私は溢れる敬意を込めて「明治大帝」とお呼び申し上げております。

　御大帝はまず五か条の御誓文《ごせいもん》によって新政府の基本方針を宣言なさいました。「広く会議を起こし……」で始まるこの御誓文は、公議の尊重、上下の一致、旧来の陋習《ろうしゅう》（悪い習慣）の打破、開国進取、富国強兵を紫宸殿《ししん》にて天地神明にお誓いになられたものです。この御誓文の精神にのっとって、次々に立憲制に対応する諸制度が整えられ、ついには我国独自の憲法である大日本帝国憲法が公布されたのです。他のアジア諸国が欧米列強に屈して隷属的な立場に甘んじている中で、これは例えようもない快挙なのでした。

その翌年の明治二十三年には教育勅語を広く天下に表され、国民の教育と道徳の規範をお示しになられたのです。ここにその全文を掲載しますので、しみじみと噛み締めてみてください。私が大神様より御教示いただくすべてのものの真髄がここに凝縮されています。明治維新後の日本が急速に世界の近代国家と肩を並べ、さらには一等国にまで高まったのは、大日本帝国憲法とこの教育勅語という大きな基盤があったからです。

教育ニ關スル勅語

朕惟《チンオモ》フニ我《ワ》カ皇祖皇宗《クワウソクワウソウ》國《クニ》ヲ肇《ハジ》ムルコト宏遠《クウオエン》ニ徳《トク》ヲ樹《タ》ツルコト深厚《シンコウ》ナリ我《ワ》カ臣民《シンミン》克《ヨ》ク忠《チユウ》ニ克《ヨ》ク孝《カウ》ニ億兆《オクテウ》心《ココロ》ヲ一《イツ》ニシテ世々《ヨヽ》厥《ソ》ノ美《ビ》ヲ濟《ナ》セルハ此《コ》レ我《ワ》カ國體《コクタイ》ノ精華《セイクワ》ニシテ教《ケウ》育《イク》ノ淵源《エンゲン》亦《マタ》實《ジツ》ニ此《ココ》ニ存《ソン》ス爾《ナンヂ》臣民《シンミン》父母《フボ》ニ孝《カウ》ニ兄弟《ケイテイ》ニ友《イウ》ニ夫婦《フウフ》相和《アヒワ》シ朋友《ホウイウ》相信《アイシン》シ恭儉《キョウケン》己《オノ》レヲ持《ヂ》シ博愛《ハクアイ》衆《シユウ》ニ及《オヨ》ホシ學《ガク》ヲ修《ヲサ》メ業《ゲフ》ヲ習《ナラ》ヒ以《モッ》テ智能《チノウ》ヲ啓發《ケイハツ》シ徳器《トクキ》ヲ成就《ジョウジュ》シ進《ススン》テ公益《コウエキ》ヲ廣《ヒロ》メ世務《セイム》ヲ開《ヒラ》キ常《ツネ》ニ國憲《コクケン》ヲ重《オモン》シ國法《コクホフ》ニ遵《シタガ》ヒ一旦緩急《イッタンクワンキフ》アレハ義《ギ》勇公《ユウコウ》ニ奉《ホウ》シ以《モッ》テ天《テン》壤《ジャウ》無窮《ムキユウ》ノ皇運《クワウン》ヲ扶翼《フヨク》スヘシ是《カク》ノ如《ゴト》キハ獨《ヒト》リ朕《チン》カ忠良《チユウリヤウ》ノ臣民《シンミン》タルノミナラス又以《マタモッ》テ

爾祖先《ナンヂソセン》ニ遺風《ヰフウ》ヲ顕彰《ケンシヤウ》スルニ足《タ》ラン斯《コ》ノ道《ミチ》ハ實《ジツ》ニ我《ワ》カ皇祖皇宗《クワウソクワウソウ》ノ遺訓《ヰクン》ニシテ子孫臣《シソンシン》民《ミン》ノ倶《トモ》ニ遵守《ジュンシュ》スヘキ所之《トコロコレ》ヲ古今《ココン》ニ通《ツウ》シテ謬《アヤマ》ラス之《コレ》ヲ中外《チュウグワイ》ニ施《ホドコ》シテ悖《モト》ラス朕爾臣《チンナンジシン》民《ミン》ト倶《トモ》ニ拳々服膺《ケンケンフクヨウ》シテ咸其徳《ミナソノトク》を一《イツ》ニセンコトヲ庶幾《コヒネガ》フ

教育勅語の現代口語意訳

「天照大御神をはじめとする代々の皇室の祖先は、遠大なる徳の樹立のために国をお始めになったのだと私は思います。建国以来今日に至るまでの代々の国民は、嘘偽りのない真心で皇室にも両親にも仕えてこれを大切にし、心をひとつにして見事にやってこられたのは国体が高い徳に満たされているからだが、教育の深い源も実にこの高い徳の樹立にあるのです。

国民の皆々は父母に孝行し、兄弟は親しくまじわり、夫婦は親しく心を合わせ、友人とは信じ合い、自分の行いは慎み深くし、博愛の精神で人々に手をさしのべ、学問を修め、仕事を習い、知能を啓発して人格と才能を作り上げて、自ら進んで社会貢献し、国家の憲法を重んじ、法秩序を守り、非常事態が起こったら正義を愛するゆえの勇気をもって国家のために奉仕し、皇室と国家の幸せが永遠に保たれるように活躍すべきです。

このことは、忠義で善良な国民であるための私の代だけへの務めではなく、皆々の祖先が昔からずっと伝えてきたことを明らかにしたものであり、そればかりではなくこれは私の祖先である皇祖皇宗が残した教えでもありますから、私も国民も子孫代々にわたって守るべき事柄なのです。

この教えは今も昔も正しく、そして国内だけではなく国外で行っても理が通った正しいものですから、私は国民の皆々とこれを恭《うやうや》しく胸に刻み込んで実行し、徳に続く一本の道をともに歩みたいと願っています」

神の祭りごとと政治の政《まつりごと》は同一、つまり祭政一致が神の御心が最も反映される制度なのですが、明治大帝はその祭政一致の極みであり、御大帝の御親政は立憲君主制においても、ほぼ理想的な形でした。天皇の地位は絶対とされながらも、ヨーロッパ王権のような絶対権力は行使なさらず、それどころか御大帝は元勲同士の政策的対立や感情的反目、あるいは政党勢力と藩閥政府との対立も、幾度にもわたる詔勅によってこれを調停なさっていらしたのです。

ここが外国の王様との違いです。外国の王様はすべて覇王です。つまりたくさんの諸侯の中で戦いに勝ち抜いた者が王として君臨しているわけですが、日本の天皇陛下は君主です。君主とは、その優れた御徳と特別な御出自によって帝の位におつきになるのです。日本では古来より、戦勝者といえども天皇になり代わろうとした者は皆無です。織田信長も徳川家康も天下を手中に納めても、天皇には臣下としての礼をつくしました。神聖なる日本では力が強いぐらいでは帝の位にはつけません。神と同じくする神性の高いお血筋、つまり御皇室でなければ立ち行かないという霊的な理由があるのです。

明治時代は日清・日露という大きな戦争がありましたから、明治大帝をややもすると帝国主義的な好戦家、侵略者と見る向きもありますが、とんでもないことです。和歌の名手でもあられた御大帝は日露開戦が決定したとき、これを嘆かれて

「よものくに　みなはらからとおもふよに　などなみかぜの　たちさわぐらむ」

とお詠みになっていらっしゃいます。これは世界中の人は全て同胞であると思っているのに、どうして波風が立って戦争が起こってしまうのだろうという意味です。

日本の対外戦争は、すべて降りかかる火の粉を払うために止むなく参戦したものばかりであり、そうしなければ日本が潰されてしまうから仕方なく受けて立ったのです。ちなみにこの御歌は日米開戦が決定された御前会議において、昭和天皇も誦《ず》せられました。

明治大帝御製ではもうひとつ、

「久方の空は隔てもなかりけり　土なる国は境あれども」

というものがあります。これは国境という隔てを嘆かれた歌です。世の中の多くの人々はジョン・レノンの「イマジン」を賞賛しますが、「イマジン」が訴えている内容を遥かな昔に、しかも大帝国の君主がお詠みになっているのです。明治大帝のお人柄がしみじみと胸に差し込んでくるではありませんか。

大和とは何か

大和とは大きな和と書きます。大きな和とはいったいどんな意味なのでしょうか。

「睦《むつ》まじき　心をもちて　相許したもう」。これは天照坐皇大御神《あまてらしますすめおおみかみ》が国の民草《たみくさ》を治めるにあたって発せられた第一声です。この御言葉で大神様が何を望まれ、何ゆえにこの国を大和となさったかがわかろうというものです。和す。大いに和して暮らすのが御心であり、大和の名の由来です。

主語の次にいきなり述語をもってくる英語は議論に適し、韻律が豊かな中国語は詩歌に適していると言われていますが、大和の言葉は「言向け和《やわ》す」、つまり相手を柔らかにし、穏やかにして協調し合うための言語です。大和言葉の心はすなわち大和の心ですから、私たち大和民族は「睦まじき心をもちて相許したもう」の御心の通り互いを大いに和し、さらに「誉む」ために生り出された民族なのです。

大和は神様が直接お造りになった国です。西洋では「天地創造」という言葉が示しているように「創っていく」のですが、大和は「成りませる」なのです。「創る」と「成る」では大きな違いがあります。「成る」や「生《な》る」はまさに神業であり、人為的では決してありません。

私は日本をどのような国かと問われたときは、「成りました国です」と答えています。「成りませる国」であることが日本の一番の特殊性だからです。

木之花開耶姫《このはなさくやひめ》之大神様が大和之宮に御降臨なさる直前に、私は五感を塞いで十日間の籠もり行をしました。その時にいただいたお言葉は「ミアレアレマス」というものでした。この言葉の意味することの謎解きは、後に大神様より「木之花開耶姫が現れることだったのじゃ」と教えていただいたのですが、これは籠もり行という胎内回帰をしていた私が、「霊生《みあ》れ」の言霊《ことだま》で木之花開耶姫之大神様をお受けできる御霊として再生し、そこへ木之花開耶姫之大神様が「現《あ》れます」ということだったのです。御降臨も国家生成と同様に全てが自然発生的な言霊によってなされています。なぜなら大和の神々は自然そのものだからです。

天皇は日本の最高神宮

生きとし生けるもの、そして道端の石塊《いしくれ》にすら神性を見出す古神道は自然と一番仲良くできる信仰なのですが、この精神は大和そのものです。今日の文明の行き詰まりは何もかもと向き合い、挑戦するかのように競い合ってきたことにその原因があります。この行き詰まりから脱するためには、すべてと調和し、すべてを受け入れる態度が必要です。

日本は仏教ひとつとってみても、これを受け入れ、そして独自のものに作り変えてきました。この力が大和です。この受容力と応用力の中にあって、唯一、いつ如何なる時も変化しない御存在が天皇陛下です。神代の昔、神様が斎庭《ゆにわ》の里で米作りをされたという記述がありますが、いまだに陛下は斎庭で米作りをされているのです。まさしく神代から今上陛下まで連綿と続く万世一系の御皇室の存在、これこそ大和の力です。日本が外来の何をも受け入れられるのは、御皇室という古来より永久に変わらない中心があるからこそなのです。

天皇陛下の一番のお役は、何といっても日本の最高神官として天神地祇《てんじんちぎ》に国民《くにたみ》の幸せと世界の幸せをお祈りすることです。天皇という最も神に近い貴い方が、国と民のためにお祈りをしていてくださるからこそ、私たちは安心して暮らしていくことができるのです。こうした意味でも、御皇室の果たす役割はとてつもなく重要であるわけです。

私心の全く無いお働きができるのは、天皇陛下以外にはありません。先の戦争で昭和天皇は占領軍総司令官であるマッカーサーとお会いになり、その席で陛下は御自分の命も全財産も投げ打つから、どうか国民を救ってやってほしいとおっしゃられたのです。他国の国家元首は真っ先に自分の命乞いをするものだそうですから、マッカーサーは昭和天皇のこの私心の無さ、国民への御恵みの深さに大きく心を打たれたということです。

天皇陛下がいかにありがたく尊い御存在であるかを、皆様にぜひ再認識していただきたいものです。この度の新宮様のご誕生も、国民全体が大いに喜ぶべきです。これで日本が栄える神経綸《かみしぐみ》が整ったとのみ、ここでは記しておきます。

神国日本

ひと頃、時の首相が神の国発言をして物議をかもしましたが、「本当のことを言ったのに、どうしていけないのだろう」と純粋な気持ちで首を傾《かし》げる人々も少なくありませんでした。「仏ほっとけ、神かまわん」の無神論者に歩調を合わせて、大騒ぎをするマスコミもおかしなものです。

御神霊の存在を否定するのは、宗教を「麻薬である」と定義したマルクス主義者のみであり、世界の民族はそれぞれの神を尊び、生活の基盤や心の拠り所にして暮らしています。アメリカ合衆国の大統領でさえ、就任式の時には聖書に手を置いて自分たちの神に誓いを立てます。左翼化した日本人およびマスコミのみが、信教の自由を無神論と履き違えているのです。

日本は神国です。神の国とは、神々の加護の下にある国という意味であり、もうひとつは天照坐皇大御神《あまてらしますすめおおみかみ》の神孫であられる天皇の御統治になられる国という意味です。さらに言えば、我国には神話があります。天之御中主大神から始まるイザナギ・イザナミによる国土の生成、日神《にっしん》天照坐皇大御神を始めとする神々の生誕、神孫による日本統治の天壌《てんじょう》無窮《むきゅう》（永遠性）を骨子とする我国の神話は、古事記・日本書紀などの文書に明確に記されています。

天皇のみならず、我々国民も神々の後裔であることを国学は明らかにしています。国と自分の出自が明確だから、日本人は精神的に安定しているのです。神によって成った国土に神の永遠なる加護を受けながら神の後裔として生きるという自覚が、日本人をかくも誇り高い民族として繁栄せしめたのです。

日本が神国である所以《ゆえん》としては、神話のほかに神社の存在が挙げられます。現在約二万八千社。これに小さな祠《ほこら》まで加えると、日本列島はくまなく神域で覆われることになります。そもそも日本は一草木にも神が宿るとするアニミズムの国であり、八百万《やおよろず》の神々の国です。この思想が敗戦とともに崩れてしまったので、日本の国土そのものも崩れ始めてしまったのです。神霊が宿る山々を切り崩し、土を掘り返し、森を切り倒す国土開発という名の国土荒らしは、神への反逆行為に他なりません。

自然の力の恐ろしきも知らずに次々に緑を消すこと
合いまかりならぬ事なりき
神々の居わしまする所の山々に大穴を掘り
大海原を埋め立てることまかりならぬなり
自然の破壊は世の中の墓場をつくるなり

と大神様は「十の罪」の中で自然破壊を強く戒めていらっしゃいます。八百万の神々様が居わしますという考えに基づけば、国土の整備も自然破壊にはつながらない秩序立ったものになったはずです。

神の国としての日本の底力は家族制度だったのですが、日本人は神性とともにこの家族制度も消滅させてしまいました。

核家族という個人主義を享受した日本人は、まず両親を疎《うと》ましい存在にしてしまいました。両親を尊敬できない人間は、周りの人々にも尊敬の念を抱けません。尊敬がなければ人間関係は非常に殺伐としたものになってしまいます。

ではどうして親を尊敬できなくなったのでしょうか。親が日常生活で何かを尊び敬うという態度を示していないからです。ほんの少し前まではどこの家庭にも神棚がありました。神様に畏敬の念を示す親の後ろ姿を見て、子供は尊敬の念というものを知らないうちに身につけていったのです。神仏を敬う両親を見て育てば子供にも尊敬の心が育まれ、人も物も大切にする人間になるのです。神仏を敬わない、家族制度は崩れたとなれば、国家の崩壊はあっという間です。国を育てるためには信仰心を育てること。これが大基本であることを肝に銘じ、神の国の国民《くにたみ》であることを自覚すること。これが全国民の急務です。敬うものがない、畏《おそ》れるものがないという野放しの状態は品格を著しく低下させます。品格の低下はすなわち霊格の低下に直結するのです。

国旗　日の丸

国旗は国家を表し、国権と国威を示す標識です。国があれば国旗があるのは当たり前のことなのですが、この当たり前が当たり前になっていない宙ぶらりんの状態に、私は一種の滑稽さを感じています。

沖縄へ行ったおり、基地の町ですからアメリカの国旗があるのは仕方がありませんが、日本の国旗がその異国の旗よりも低い位置にあったことに、私は強い憤《いきどお》りを覚えました。こんな屈辱的なことはありません。

海域で国旗や旗幟《きし》を揚げてない船を見つけた場合、不審船と見なされても仕方がないのと同様に、極論すれば国旗がなければ侵略されても仕方がないということになってしまわないでしょうか。平成十三年九月十一日のテロの後、日本の国会で「show the flag」という言葉が問題になりましたが、国旗を揚げることはまさに「旗幟を鮮明にする（態度を表明する）」ことであり、国権・国威を見せつけることなのです。

日本人であることや日本であることは国旗によって表明されるのですから、逆に言えば、自国に異国の旗がはためくほど情けないことはないわけです。

かつてあれほど国旗日の丸に誇りを抱いてきた日本人ですのに、左翼思想に流されて国旗掲揚の習慣を失ってきたのが残念でなりません。少なくとも元旦を始めとする国民の祝日には、国旗を掲揚したいものです。不況その他で国全体が沈滞しているときだからこそ、国旗を掲げて自国への自信を取り戻さなければならないのです。国旗には国民の気持ちを鼓舞させるだけの力があります。経済力を含む国力は愛国心からしか発動しません。

ちらほらとしか見かけなくなった国旗ですが、せっかく掲げてあっても最近では何の流行なのか、斜めに立っています。わざと斜めに傾けることで日の丸がよく見えるようにしているのかもしれませんが、国旗を傾けると国家も傾いてしまいます。家門を立てる、国家を立てるためには、どうか国旗はまっすぐに立ててください。

国旗が日の丸であることに不服を唱える者も依然として多くいます。左翼的な彼らは、「古来より国の象徴として使用されてきた」という理由では面白くないようです。近隣諸国への迎合だけで生きている彼らには、日本の伝統や文化がじゃまで仕方がないのです。では、なぜ日本の国旗は日の丸なのでしょうか。それは日本の象徴神が天照坐皇大御神様だからです。大神様は日神と申し上げる如く太陽ですから、誰が見ても日輪だとわかる「日の丸」が日本の国旗であることは、まったく理に叶った自然なことなのです。

私は木之花開耶姫様より「日の本が中心となるときじゃ。日の丸をしかと掲げ、皇命《すめらみこと》の大御代円《おおみよまど》やかなるを心から祈ることぞ。日の本がわくたま（地球）世界の中心なるを皆が心から自覚せねばならぬ。日の本は言霊の元、すなわち宇宙創造よりの神しぐみにより て全て表されるものなり。日の丸には真実、本物、事実がしかと刻み込まれている。花開く太陽の光のごとく、赤は明るく清らけき、白は神聖・真性を表してすなわち清浄となる。この旗印のもとに日の本の国民は集い、大和の国に生まれし使命を果たすときぞ」という御神示を賜っております。

国歌　君が代

他国の国歌は例えばアメリカ合衆国の「星条旗よ永遠なれ」にしても、フランスの「ラ・マルセイエーズ」にしても、戦いや革命の中から生まれた歌です。それだからどれもが勇ましく、奮い立たせるような詩歌旋律になっています。これらに対し、日本の国歌「君が代」の背景には戦の物語はありません。

私は「君が代」が作者不詳、詠み人知らずであることにまず注目します。どなたかがお詠みになっているのでしょうが、お決めになったのは大神様ではないかと思うのです。国歌として作ったのではなく、これも国歌として「成った」に違いありません。

次に内容を見ていきたいと思います。「君が代は」から「苔のむすまで」と、歌詞は天皇国歌の永遠性を詠い上げています。世間の一部ではこの「君」を「君と僕」の君にしようという話が出ていますが、とんでもない話です。「君が代」は、日本の国体よ永遠なれ、日本の国民よ永遠なれと、大神様が歌としてお授けになったものだからです。

「君が代」はゆったりとした調べにのせて歌われます。以前ある健康雑誌に狭心症か心筋梗塞の持病を克服した人の経験談が載っていました。その人は元自衛官で、毎日国旗掲揚の時に流れる「君が代」に合わせて深呼吸をしていたのですが、それで彼は病気が治ったと言うのです。私は「やっぱり!」と確信を強めました。「君が代」の旋律の中に流れているのは悠久のリズムなのです。人間の心身を最も落ち着かせる力が「君が代」にはあるわけです。荒んだこの時代、世の中には「癒し系」という言葉が流行っていますが、日本人を一番癒すのはこの「君が代」です。

大神様は私、安食天恵の使命を「君が代」の言霊によって御教示くださっています。

君が代は……気霊我世《きみがよ》は
千代に八千代に……同じ
さざれ……運命《さだめ》

いしの……意志の
いわおとなりて……磐音鳴りて→磐笛（神様に降りていただく時に奏す石の笛）
苔の……古気の→古代の気
むすまで……産《む》すまで

以上を解釈しますと、「あなたの魂を運命に従って神様のご意志の通りに、磐笛をならして＝神我一体とさせて、古代の気＝縄文期までの蘇《よみがえ》りを産み出しなさい」という意味になります。

「君が代」は日本文明の蘇りを果たす歌です。そこには大神様の大いなるご意志が働いていますから、この歌を歌うことによって次に挙げる成果が確実に得られます。

1 天皇家の弥栄《いやさか》
2 国霊が大きくなる＝国力の増大
3 個人の家族家系の永続性＝子孫繁栄
4 六腑五臓が丈夫になる（細胞の隅々まで癒す）
5 魂の浄化

「君が代」の一番効果的な歌い方は、神社あるいは自宅の神棚の前などの神前で歌うことです。神様は自分の子孫が栄えることを最もお喜びになりますから、天皇家の弥栄を称えるこの歌をお聞きになるだけで、歌う人の家の弥栄を言祝《ことほ》いでくださるのです。「君が代」は大神様が私たち日本人にお与えくださった最高の繁栄の歌です。これを歌うことによって魂が湧き、細胞が躍動して活力が発生し、その結果身体も心も国も、元気になることができるのです。

第二章　靖国神社

靖国神社とは日本人にとって何なのか

靖国神社には国のために命を捧げられた方々の御霊が祀ってあり、この神社が日本の国を霊的に護る防波堤の要になっています。日本人は靖国の魂を決して忘れてはなりません。靖国神社に祀られている御霊は、命というたったひとつのものを国のために捧げられたわけですから、霊的にもとてもレベルが高く、あの世でも最も高い地位にあります。

靖国神社は明治二年、戊申《ぼしん》戦争の戦没者を招魂鎮斎するために創祀された神社です。靖国とは明治天皇が命名された御社号であり、そこには「国を安らかで穏やかな平安にして、いつまでも平和な国にしていこう」という明治大帝の大御心《おおみごころ》がこめられています。靖国の「靖」は安心の「安」と同じ意味です。

後に嘉永六年（1853年）の黒船来航以来の幕末十五年間に、国のために力を尽くして亡くなられた方々や、国内の戦乱や対外戦争である日清・日露戦争の戦没者の方々も、神としてここに祀られるようになりました。明治大帝はこのように靖国神社に祀られた神々をたたえ、

よとともに　語り伝えよ　国のため　命を捨てし　人のいさをを（明治37年御製）

とお詠みになっていらっしゃいます。

その後、第一次世界大戦、満州事変、大東亜戦争などが起こり、日本の独立を守るため、またアジア諸国との共存共栄のために、尊い命を捧げられた方々が次々とこの神社に祀られていきました。昭和天皇は、

忘れめや　戦《いくさ》の庭に　たふれしは　暮しささへし　をのこなりしを

と詠まれ、戦で倒れたのは皆、暮らしを支えていた男の人であったと、戦没者の命を尊び偲ばれて悼《いた》んでおられます。

靖国神社には軍人のみならず、沖縄に上陸してきたアメリカ軍と戦った男子学生の皆様、看護や弾薬・兵糧の運搬に走り回った「ひめゆり部隊」「白梅部隊」等の女学生の皆様、さらに動員によって工場で働いていた生徒・学生の皆様、疎開の移動中に敵の魚雷攻撃を受けて海に沈んだ七百余名の小学生、樺太で最後まで本土に通話し続けた女子電話交換手の皆様、赤十字従軍看護婦の皆様、戦場カメラマン・記者など、祖国のために命を捧げられ

た実に多くの方々が、神の御霊として靖国に祀られているのです。

祖国日本のために命を投げ出された方々は皆、靖国で会える、靖国で神様になれると信じて亡くなられております。最も愛されている軍歌「同期の桜」にも「離ればなれに散ろうとも、花の都の靖国神社　春の梢に咲いて会おう」と歌われていますが、当時の方々の心境はまさにその通りであったのです。

この思いの根底にあるものは日本神話です。天地が初めて開き、混沌の中から天之御中主神、高御産巣日神、神御産巣日神の三神が現れて秩序をお作りになり、やがてイザナギ・イザナミの国生みに至り、さらに高天原、出雲、日向と続く日本神話は、永く日本民族のアイデンティティー（自己の存在証明）になってきました。天孫の後裔であるという確信が、死んだら神になれるという確信につながっていたのです。

このように確たる信念のもとに国に命を捧げられた方々は、ひと柱、ふた柱と、神と同様の数えられ方で数えられ、二百四十六万六千余柱祀られているのが靖国神社です。そしてこの二百四十六万六千余柱の神々が、今現在日本を守り続けていらっしゃるのです。

先頃、靖国神社移転の話が出ておりましたが、これはとんでもない話です。亡くなられた方々は「靖国で神になる」という安心感のもとに命を捧げられ、この場所に鎮座なさっているのです。そのお心をどうして裏切ることができるでしょうか。

尊い命の犠牲によって今の平和と繁栄があるわけですから、日本人はすべからく靖国様に感謝の心を捧げ、真心込めて額《ぬか》ずかなくてはなりません。ましてや国の代表者たる者は、率先して参拝しなければならないのは当然のことです。

そして感謝の念を捧げるとともに「こんなにも不甲斐ない日本になってしまったことをお許しください」と、大和心の喪失を深く陳謝することも忘れないでください。

自国への誇りも忘れ、今日こうしてあることの有り難さに考えを及ぼすこともなく、ただ利己のみにうつつを抜かし、あるいは退廃して刹那的に生きるという、こんなに情けない国民の国にするために、あの大きな犠牲は払われたのでは決してありません。

国辱的歴史観が靖国参拝を阻む

靖国神社に参りますと、戦没者の方々の御遺書などが飾られています。それらをひとつひとつ読ませていただくと、誰しもが流れる涙を禁じ得ません。この涙を流す行為こそが日本人の心、大和魂の復活につながるのです。靖国神社は伊勢神宮と霊的に深いつながりがあります。お伊勢様に詣でるごとく、靖国様にも国民がこぞって詣でる日が早く来なくてはなりません。

どうして靖国神社は伊勢神宮のように「こぞって詣でる」ということにはならないのでしょうか。たしかに靖国様には血生臭い歴史があります。戦によって命をなくされた方々をお祀りしてある以上それは拭えませんが、果たしてそれだけでしょうか。神話の崩壊とともに、日本人は自己の存在証明をぼやけさせてしまいました。それと同じく、何者かにでっち上げられた屈辱的歴史観による精神的汚染が、日本人をして靖国参拝を阻んでいるのです。自国を蔑《さげす》んで見る愚かしさは、ひとり靖国参拝問題のみならず、今日の家庭崩壊、学級崩壊、風俗秩序の乱れ、その他の諸悪の根源になっています。

あらためて申し上げます。日本は古来より世界に誇ることができる素晴らしい国です。神代の昔から「神集《つど》えに集いたまい、神議《はか》りに議りたまい」と宣り上げられているように、常に衆議を重ねて決定を下し、しかもその衆議は聖徳太子が御発声された如く「和をもって貴しとなす」精神に貫かれていました。

日本語＝大和言葉の特性を遺憾なく発揮した「和歌」を生み出した我国は、感動と情緒にあふれ、生活の中でごく自然に花鳥諷詠をしてきた民族が営んできた国です。美をもって聖となす民族性は、生真面目な性格ともあいまって、優れた美術工芸や職人技も育んできました。

厳しい身分制度で、あたかも為政者が民百姓を蹂躙《じゅうりん》していたかのように教科書では教えられていますが、農業従事者などの生産者を苦しめていたのなら、江戸は世界一の大都市として繁栄することなどできなかったでしょう。身分の区分こそあれ、それぞれが相協力してきたからこそ、日本は歴史的に常に一等国であり得たのです。

娯楽時代劇では町民や百姓がむやみやたらに侍に殺されていますが、あれも嘘です。江戸の犯罪発生率の少なさは古今東西まれにみるもので、百万都市の江戸の警邏《けいら》はたった十人前後の八丁堀同心で十分だったのです。

明治維新以降、世界にようやく扉を開いた日本を訪れた外国人は、日本人の礼儀正しさ、品の良さ、明るさ、芸術性の高さなど、あらゆることに驚嘆しています。

近代に入った世界は言い換えれば戦争の歴史です。しかしその歴史を学ぶ教科書では、日本の参戦の経緯、戦争の作法などが全て史実と異なる記述になってしまっています。報道も同様で、これではまるで、日本人の魂にわざと泥を塗ろうとしているかのようです。挙げ句の果てに、勝利国アメリカの「原爆は戦争の早期終結のための最も有効な手段であった」という開き直りを、有り難く拝聴する愚民まで出てきている始末です。

真珠湾攻撃はしかるべき順序を踏んでルールにのっとってなされたものであるのに、教科書と報道ではこれを「ずるくて汚い奇襲」と位置づけています。実は、この時の日本の戦争手続きは、アメリカ政府の上層部によって握り潰されたのだということが、当のアメリカの公開文書によって明らかにされているのです。それなのに、はめられた側の日本が「アメリカ様、本当に悪うございました」という態度をいまだにとっているのです。真珠湾攻撃の際、日本軍は軍事施設のみを標的にし、民間人は巻き添えにしていないことも史実が証明しています。原爆という言語道断な武器使用、空襲という無差別攻撃をした国とは軍人の品性が違うのです。

アジア諸国での「暴挙」という言いがかりもしかりです。日本人は大東亜共栄圏の建設を目指し、進出したアジア諸国では必ず現地語を守って統一するための協力をし、教育の重要性を認めて各地に学校を作っています。欧米列強が植民地の住民をことごとく奴隷化した政策と、何という違いでしょうか。上下水道、鉄道、通信網などのインフラ整備の礎をアジア諸国で作ったのも、実は日本人なのです。

これらの史実に目を向けもせず、アジアの中でもほんの限られた国に媚《こび》を売るために、自国民に屈辱的歴史観を刷り込もうとしている勢力は、断じて許すわけにはいきません。

大罪を犯してきた日教組

敗戦直後の昭和二十二年に、都道府県単位の教職員組合の全国連合体として結成されたのが日本教職員組合、通称日教組です。それまで聖職と尊ばれてきた教員の地位を単なる労働者であると自ら宣言したのが、この日教組です。

左翼思想に傾いている日教組の教員等が中心になって戦後の教育がなされてきたことは、まったく痛恨の念に耐えません。自国を否定し、国家を否定し、国歌国旗をも拒絶する教員に、日本の将来を託す人間を作るという尊い仕事ができるわけはありません。

人格の高い先生方も大勢いらっしゃいますが、それとて日教組の中では多勢に無勢で、ご自身の教育理念と日教組のスローガンの間で大変なお苦しみを抱いていらっしゃいます。

日教組の左翼教育は「愛国心」そのものを戦争と直結した「悪」と見なし、国の象徴たる天皇も国旗日の丸も、戦争犯罪のシンボルとして子供たちの幼い無垢な頭に植え込んでいます。日教組が義務ではなく権利と要求ばかりを教え込んできた結果が、今日の「我さえ良ければよし」という自分勝手な、利己主義者にあふれた日本の姿となっているのです。

日教組は英霊の方々の尊い命の犠牲を「犬死に」と言って蔑み、国のために戦った人々を犯罪者として唾棄《だき》すべきものであるかのように教え込んでいますから、それを真に受けた子供たちが、兵隊経験者の祖父などを非難するというとんでもない事態まで起こっています。また一方で、国を守るため、ひいては家族を守るために誠に純真な気持ちで戦争に行かれた方々が、次第に家族には戦争の話をしなくなってしまいました。どう説明しようと「だって学校の先生がそう言ったもん」という反撃を前にして、口を閉ざさざるを得ないのです。

銃後の家族のご苦労や地域ぐるみの協力など、戦争体験だけとってもお年寄りの話は大変貴重です。その中から若い人は日本人の心や伝統などを自然に学んだものですが、日教組の教育は戦争体験どころか、伝統すらもややもすると「因習」と片づけてしまうので、古来よりの伝承はここで立ち消えてしまうのです。

口だけで「お年寄りは大切にしましょう」と言っても尊敬を持たせないものですから、子供たちはよほど家庭教育がしっかりしていない限り、お年寄りを大切になどできません。わかりやすい例が、看護婦さんたちのお年寄りに対する言葉使いです。優しくする、いたわる、大切にするという精神は、立派な職業を選んだだけのことはあってよくご存じです。しかしその表し方が幼児言葉でしかできないのです。「さあ、おじいちゃん、お注射打ちましょうね」「おばあちゃん、アンヨできますかあ」……。

人生の先輩に対して赤ちゃん扱いとは失礼千万ですが、これは彼女らの罪ではありません。戦後の日教組による教育も二代三代と続けば、年長者に礼をつくすという美風も完全に失われていますから、彼女らは「礼を知らない」のではなく、「例を知らない」、つまりお手本がないから礼のつくし方がわからないのです。

国家に関する全てのものを拒絶してきた日教組が、数年前に突然国旗掲揚をすることになりました。これまでの頑なな態度を翻したのですから、それなりの説明や何かがあってしかるべきなのですが、それは皆無でした。

国旗掲揚に大きな意義を感じる私どもとしては、理由はどうであれ学校に日の丸が戻ってくるのは嬉しいのですが、左翼思想も教育と同じで二代三代と続けばお得意の「一致団結」もままならないらしく、現場である全国の学校には国歌斉唱と国旗掲揚が実施されていないところがまだまだ多いようです。

学校の公式行事における日の丸問題で、左翼教師から突き上げられて自殺した校長先生の話は、皆さんにとってもまだ耳新しいと思います。左翼教師は国旗掲揚も国歌斉唱も無礼な態度で拒絶し、生徒も自分に従わせていますが、彼らは、各都道府県における国旗の掲揚率と青少年の犯罪率が、反比例になっているという恐るべき統計も出ています。自殺した校長先生がいた都市では、現場教員のほとんどが国旗掲揚反対者なのですが、非行少年の多さでは最上位であると聞いています。国民としての誇りや英霊への尊敬、愛国心を取り上げられてしまったら、青少年の心が歪むのは当然です。自国を罵倒し続ける日教組には、この現実をよく噛み締めてもらいたいものです。

なぜ八月十五日か

八月十五日は日本にとって特別な日です。世界各国にはそれぞれ独立記念日であるとか革命記念日などがありますが、それらと同様に八月十五日は戦争が終わった大切な日であり、歴史的な日であります。

この日に「戦が終わりました。お陰さまで平和の礎を築いていただきました」と御礼を申し上げて参拝してはじめて、国のために命を捧げられた方々の御霊は慰められるのです。

ことわざに「十日の菊」という言葉があります。九月九日に行われる重陽《ちょうよう》の節供は別名「菊の節供」ともよばれ、宮中では古来より菊を用いた数々の宴が行われてきました。ところが九日に使う菊を十日に持ってきたのでは何の役にも立ちません。そこで、間に合わなかったり、間が抜けていたりすることを昔から「十日の菊」と言うわけです。もちろん菊は九日以外にも飾ったりするのですが、ただ九日に無いのではどうしようもありません。靖国参拝は「十日の菊」であってはならないということです。

また、この歴史的な日に日本国を代表する公人が参拝に行き、高らかに宣《の》り上げることは、国辱的国家観からの脱却を意味します。ところがその反対にこの日に参拝しなかったら、「近隣諸国様のおっしゃる通り、我国は悪者でございました」と近隣諸国の言いがかり的主張を土下座して認めることになってしまうのです。

戦争を美化する気持ちは決してありませんが、一部の近隣諸国が言うような「侵略を目的とした海外派兵」など日本軍はしておりません。あくまでも永年に及ぶ欧米列強による帝国支配からアジア諸国を解放し、同じアジア人同士が大東亜共栄圏を作るための海外進出が日本の意図でした。

その戦いに日本は負けたのです。しかし奴隷的支配に苦しんできたアジア諸国の人々に与えた「独立の夢」は、その後かの地の国民によって育まれ、苦難の中で叶えられています。

日本の行動から、白人による圧政に対抗してもいいのだという夢や希望を与えられたのは、アジア人だけではありません。アメリカ黒人公民権運動の指導者キング牧師もその一人でした。彼はパールハーバーのニュースを聞き、有色人種でも白人による差別や圧迫に拮抗できるのだということを自覚し、あきらめと挫折から立ち上がったのです。

戦争は戦いですから綺麗事ばかりでは済まないのは事実です。しかしいくら敗戦国だからといって、やりもしない罪を被せられ、それを唯々諾々と受け入れなければならないという道理などありません。戦後半世紀以上を経過しても、いまだに謝罪という名のタカリ行為に終始する近隣諸国に対し、自国の歴史的事実、しかも世界で認められている正当性すら口に出せずに、土下座外交を続ける弱体日本政府の公人たちは、ここで一度自国を見つめ直してはいかがでしょうか。

土下座外交の大臣や議員たちは左翼化した大衆におもねているのでしょうが、新しい世代の間に、五十年続いた左傾化の反動が出てきていることも知らなければなりません。

インターネット等情報化社会の申し子のような新世代は、たくさんの知識、偏らない情報をたっぷりと身につけ、冷静な眼差しで団塊の世代の一挙手一投足を見つめているのです。

八月十五日に日本国首相が靖国参拝をすれば、首相自らが、生きている人にも亡くなった人にもその正当性を宣り上げることになりますから、そこで、近隣諸国の政府はどうしても阻止したいわけです。日本人は古来より、言い訳や言い繕いを一切しないことを美風にしてきました。その美風にのっとって、近隣諸国からの圧力にもただ黙して語らずだったのですが、本当は首相の八月十五日靖国参拝は百万語の主張よりも、なお倍する迫力があるのです。

近隣諸国には日本という「敵」を設定しないことには、自国がまとまらないという国内事情があります。しかし日本はそれに利用されることなく、毅然とした態度で自国の栄誉を宣り上げればいいのです。その宣り上げこそが首相の八月十五日靖国参拝であり、これを実行することによってはじめて、日本は国辱的歴史観、国辱的国家観から脱却できるのです。

第三章　神霊大和言葉

天恵独自の言霊学

旧約聖書の「はじめに言葉ありき」はあまりにも有名です。日本の神代から伝わる「大祓いの詞」には「皇《すめら》親《がむつ》神漏岐《かむろぎ》神漏美命《かむろみのみこと》以《も》ちて」とありますが、ここで言う「みこと」とは「御言」のことです。このようにすべては言葉から始まりました。

言葉は光透波《こうとうは》、つまり光の透明なる波動ですから、言葉には物凄いエネルギーがあります。光とはもちろん御霊のことです。

日本語は他言語とは異なり、自然音と同じ脳の部位で受け止められます。これは大自然に底知れぬエネルギーがあるのと同様に、日本語という言語そのものに大きなエネルギーがあることを意味しています。それを熟知していたからこそ古代人はこの日本、大和を「言霊の幸《さきわ》う国」と表現したのです。

私が言霊、とりもなおさず大和言葉に着目したのは、大神様から御神示を受けるようになったからです。御神示は一回きりしかお受けできません。繰り返しお聞かせ願えませんから、「天恵、これから始めるでのう」という言葉が発せられると、私は全神経を傾けて集中します。

大神様の教えはまず「音」でお示しがあります。例えば「シン」という音をいただけば、次には心・真・神と上げられ、意味するところの違いを確認した上で、同音として意義の共通性をお諭《さと》しになるのです。このあたりで私は（これが言霊というものか……）とぼんやり悟りました。

次いで大神様は物事の理《ことわり》を文字でご説明くださいました。例えば「困る」という事態が起こったとします。すると大神様は「困ったときは困ったと思う人に原因がある」と、まず元の因を説かれます。具体的に言いますと、例えば「うちの子は勉強ができなくて困る」と母親が困っているとすると、その子の勉強の不出来の原因は母親にあるというわけです。周りの人に「困らされている」と感じている人は、自分の胸に手を当てて考えてみなければなりません。

さて話を戻します。原因がわかれば次に解決法が必要になってきます。そこで大神様は「困る」という文字をお示しになり、「出口のない囲みの中で木が小さくなっておるじゃろう。木、すなわち気が小さくなっておるから、気に望みを持たせよ」と言われます。気に望み、つまり希望を持たせることにより、現状の打破に当たれ、と御教示されるわけです。

真実とは何とシンプルで、しかも見事な符合を見せるものかと、私は感動してしまいました。そこからが私の勉強です。大神様から一を教わったら、残りの九は自らが学習して十にしなくてはなりません。

例えば「借りる」。どうして人偏《にんべん》なのか、どうして昔なのか。昔から人というものは一人では生きられないからだな、そういえば動物からは借りられないし……と、ここまで思索すると大神様からお言葉がきます。「人から借りるな、神から借りよ。神への恩は人に返せよ」。

なにしろ最高の方に家庭教師をしていただいているようなものですから、厳しい反面、間違いのない方向性で導かれているという安心感がありました。

そこで「神」という文字に取り組みます。神は示して申すと書きます。何によってお示しになるのか……自然だ。風、雲などの自然現象はすべて神からの啓示なのだと私は思い至りました。すると今度はじゃあ自然とは、となるわけです。そして、自然とは自分を燃焼させることに他ならないのだという結論に達するのです。これが天恵独特の言霊学のプロセスです。

私は漢字を分解して解釈していましたが、分解し切れないものにぶつかりました。仮名《かな》です。御神示も実は仮名でいただきます。勉強は次第に仮名に入っていきました。

古代の人々は「思い」を伝えるために短歌を作っていました。短歌は五七五七七で成り立っています。どうして五七五七七なのかと思いを巡らしている頃、平成元年に木之花開耶姫様が御降臨くださいました。木之花開耶姫様の御神示はすべて五七調の和歌の体を成しており、しかもその御歌がことごとく予言になっていました。

そこで私ははたと気がつきました。旋律だったのです。五七調の旋律こそが相手の胸に響くのです。それはあたかも琴の弦が振動して美しい音を奏でるが如くのものでありました。

一つの疑問が一連の思索を促し、そして結論に至る。そしてその結論が新たな疑問を誘導する。私の勉強はなぜ、なぜに始終していました。それは幼子がナゼナゼドウシテを連発するのと全く同じであり、大神様は「天恵は子供じゃのう」と笑っておられました。私は四歳の子供であったようです。疑問はただ言葉のみに留まってはいません。どうして指は五本なの、水って何など、この世の森羅万象ことごとくが「なぜなぜ」の対象なのです。

同音異字に相通ずる真理を見出し、ようやく旋律にたどり着いた私は、五七調は琴の旋律の如しと結論したところで閃《ひらめ》きました。琴は言《こと》なりだ。大和言葉は神言葉だったのだ。大和言葉で宣り上げたものは全て神言葉だったのだ。真を探り当てたときの嬉しさは例えようがありません。

大和言葉＝神言葉という真理を得た私は、大神様からの御神示の解釈も深くできるようになりました。ある日大神様は「神の力は水なり」とおっしゃいました。ああそうですか、水ですかと単純に解釈しては落第ですから、深い意味を私は考えなくてはなりません。大神様は目の前で音を立てて水をお流しになり、水を認識させようとなさいました。「水の力は洗う力なり」。ヒントはそれだけです。しかし私は洗う力＝現れる力、すなわち「アレマス」は「生まれる」と道義であることを言霊学で認識できたのです。

「ありがとうございますという言霊は長寿の秘訣」という御神示もどういう意味かわかりました。言霊学で解けば容易でした。「ございます」は「御座居ます」、つまり「（神は）御座に居わしまします」だったのです。私たちは「ありがとうございます」と言う度に神様を側らに招魂して、神への感謝の祈りを捧げていたわけです。英語の「グッドバイ」も「神様が側らに居ましますように」という祈りの言葉が語源なのですが、「グッドバイ」は別れの言葉で「ありがとうございます」が感謝の言葉であることを考えますと、彼我《ひが》の大きな違いに「和の国」であることの有り難さを感じずにはいられません。

現在、美しい日本語が失われつつあります。神に直通であるこの大和言葉が失われるということは、神が失われるのと同じ意味になってしまいます。美しい日本語は言霊の最たるものであることを、肝に命じていただきたいと願っております。

美しい言葉使いは魂を磨く

人間界は今、上下関係が乱れています。上下関係は一本の柱です。神様の数え方が一体二体ではなく一柱二柱なのは、神が単体ではなく一つの秩序をお示しになる存在だからです。神様がいて、天皇がいて、先祖があり、親がいて子がいるというつながりが中心の柱になって、この世の秩序は保たれています。しかし最近では親と子の上下が逆転してしまっており、天皇様への恩も忘れられています。このように一番中心になっているものを忘れてしまっているので、人間関係の一本の柱も皆崩れてしまっているのです。

年功序列もそれなりに大事なものだと私は思っています。現在は能力主義になっていますから、尊敬がありません。尊敬がないのは自分自身を見失う元です。人間は他を尊敬することによって謙虚になり、自分の未熟さに気がつくものなのです。未熟さを知ることは成長の第一歩です。日本人の対人関係は尊敬と謙虚さを主軸にしてきましたから、世界でも類を見ないほど尊敬語や謙譲語が発達しました。尊敬がない、つまり敬語を使えない状態では成長は望めません。

私は大神様から「天恵よ、汝の敵は汝なり。常に己《おのれ》が未熟者であることを知れ」と常に言われ続けています。天狗になってしまうことへの戒めです。神ごとは一生が修業でありますから、私は自分以外の人は全て先生だと思っております。私の周りにいる人は大人でも子供でも皆さん、私に教えてくださる存在なのです。私は教えてくださる人に対して、「ありがとう」という感謝の念と尊敬をもって接しています。感謝と尊敬はイコールの関係にあるからです。

美しい言葉とはすなわち敬語のことですが、最近では敬語を正しく使える人が少なくなってきてしまいました。これは敬語という言語表現のテクニックが失われたわけではなく、敬語の元になっている尊敬と、尊敬の根底にある感謝が失われてきたからです。靖国神社の英霊様への感謝や天皇陛下に対する感謝も忘れた社会では、当然の結果として、親や周りの人への感謝も忘れられてしまいます。全ての感謝を忘れたことが、日本語の粗雑化につながっていったのです。大神様に「魂を磨く方法は何ですか」とお尋ねしたときのこと、大神様は「感謝と反省」と一言で仰せになられました。ですから大和之宮で毎日することは「感謝」と「反省」のふたつです。

敬語をきちんと使うと自分の魂に力がつきます。つまり美しい言葉使いは魂力増大の秘訣なのです。魂力が増大すると細胞が若返って活性化します。するといつでも爽やかで健康でいられますから、美しい言葉は若さと健康の秘訣でもあります。

美しい言葉は魂を呼び覚まします。病気の人が「私、風邪ひいて寝てるんですッ」とは叫びませんから、声も魂の力と大いに関係があります。大きな声が出るということは、それだけ魂が立派だという証拠です。大きな声で明瞭に話せる人は魂が強いと私は断言します。

先頃、万葉集など日本の名作を音読する健康教室が現れ、病気の快復や健康増進、若返りに著しい効果を上げていると評判になりました。それは私が述べましたように、美しい日本語をはっきり声に出すことで魂を活性化させるからです。声は目に見えないものです。魂も見えませんし神様も見えません。こうした見えないもの同士は互いに通じ合っているので、一つの刺激が共鳴して様々な現象を引き起こしたり何かの効果が表れるのです。心もまた、見えないものの一つです。したがって、心のあり方に重きを置かれる御釈迦様の教えは、言葉に関するものがとても多いわけです。

一音一音が神様

声に自分の想いを乗せたものが言葉です。そこで私は日本語の全音に取り組みました。最初は一切の濁音を排除していました。大祓《おおはら》いの詞に「持ちかが呑みて」という言葉があるのですが、それも「もちかかのみて」と読んでいました。大神様が「濁音を使うと汚れが見えるでのお」とおっしゃったからです。これは私がまだ未熟だったからです。濁音をはずすと音は五十音しかありません。しかし二十世紀まではそれで事足りたのです。二十世紀は精神的文化が完全には開花していませんでした。霊性が進化していないので、大和古語に一旦戻る必要があったのです。万葉集などに見られるように、大和古語には濁音がありません。

私は五十音の一音一音の吟味に入りました。「あ」の音が意味するものは亜なのか、阿なのか、吾なのか。「う」は宇なのか、右なのか、有なのか……。まるで万葉仮名のような世界に入り込んで音の意味するところを私は掘り下げたのです。

次は想いと言葉の関係です。心の中の想いは最初は言葉ではなく、漠然としたものから始まります。それが例えば「お茶碗が欲しい……」のように言語化されれば、ただモヤモヤしていただけの想いがハッキリしてきます。すると次々に「花柄……」だの「丸みのある……」だのの好みが浮かび上がり、ついには具対的な形を見せるようになります。形が見えて、最終的にその茶碗を入手したときに、モヤモヤした想いであったものが初めて「形」となって目の前に現れるわけです。

言葉について徹底的に思考を重ねていた私は、ここまで考え至ったときに神様に大声でお話しさせていただきました。

「わかった神様！　言霊という言葉の威力は、形として現すことなんだ」

言霊には具象化・現象化する力があることを知ったからこそ、私は「祈りは具体的に全てを申し上げなさい」と皆様に言っているのです。

声に自分の想いを乗せたのが言葉であると先程記しましたが、想いの全音がそろっていないと相手には伝わりません。「愛してる」という想いは「ア・イ・シ・テ・ル」と全音整ってはじめて意味も想いも通じますが、「私、あなたのことア・ル」では、自分は愛しているという想いを伝えているつもりでも、相手には何を言っているのかわかりません。

全ての音がそろって整ってこそ伝わる。そう結論した私は「言葉を整えてそろえれば願いは叶う」ということを知りました。どの音が欠けても言葉は整いません。一音一音が言霊を形成するのならば、一音一音が神様なのだとようやく私は悟ることができたのです。

五七調が神の旋律

一音一音に神のお働きがあることを知った私は、五十音をゆっくり声に出してみました。するとカ行もサ行も全部アイウエオという母音五音にかえってしまうのです。日本語は五音で成り立っていることを私はあらためて確認しました。

五音。和歌も五音をベースに五・七で作られており、大自然を歌った童謡もすべて五・

七です。神は自然なりと大神様は言っておられるわけですから、五七調こそは神様と波長を合わせるキーワードではないかと私は思いました。

「言葉を整え言葉をそろえることによって物事が整い揃う」という真理は、もっと言えば五七調で整えることだったのです。私は言霊の結論を得たような思いがして、その吟味に入りました。

ちょうどその頃のことです。私は大和之宮の宮主ですから、宮主として宮のこれからの運営や展望を抱いています。これまでも神殿の造営などを数々の試練を乗り越えて実現してきたわけですが、その時も乗り越えなければならない問題に直面していました。解決法を考えあぐねているときのことです。大神様が「天恵よ、一厘を解くカギは和歌なり」という御神示を下さったのです。「一厘」とは、大本教のお筆先で「大どんでん返しは一厘の神経綸《しぐみ》によってなされる」と予言されているもので、神様が最終段階でおふるいになる御稜威《いつ》（お力）のことです。続けて大神様は「おまえが望んでいることを和歌にして我が御霊《み》に捧げよ」とおっしゃるのです。私は大神様の命に従って、自作の和歌を十日間毎日宣り上げました。すると大和之宮の計画を阻んでいた問題がたちどころに氷解し、大いなる前進を示すひとつの型が整ったのです。

私が和歌を宣り上げたのは十日間ですが、それも言霊です。「十《とお》と成った」すなわち「とうとう成った」であり、「十と宣《の》った」すなわち「整った」なのです。ここで「十」ということについて説明します。私は御神前で「ヒトフタミヨイツムユナナヤココノタリ」と幼児発声で早口に唱えるのですが、これは「十言《とこと》の呪《かしり》」という御神呪です。物事は一から始まって二になって三になってと順に進めるべきで、決して飛び越してはならない、順序を踏んでいけば必ず叶うという意味が、この「十言の呪」には込められています。

　これは天照大御神が、「アマテラスオオミカミ」という十音から成っていることに由来しています。神様の世界には先程から述べていますように言霊があるのですが、同じく数霊《かずたま》もあるので、古神道では数歌を大切に用いてきました。大和之宮の日拝詞《にちはいし》に記されている「一二三祝詞《ひふみのりと》」もそのひとつで、「十言の呪」と同じく「一《ヒ》二《フ》三《ミ》四《ヨ》五《イ》六《ム》七《ナ》八《ヤ》九《コ》十《ト》百《モ》千《チ》万《ロラネ》……」と、数を唱えることから始まっています。

　数の力を示すこの数霊と言霊を制する者は、世界を制すると、昔から言われてきました。外国で、例えばカバラの秘法などがさかんに行われているのはこのためです。しかし数霊は外国でも何とか真似事でやれるにしても、言霊のほうは五十音、ひいては全七十五音の大和言葉でなければ、とうてい整えることは出来ません。

昭和天皇の御言葉は全て祝詞であられた

五十音は普通「アイウエオ」と言います。しかし私はこの順番では口の開き方がバラバラだと感じました。そこで「アオウエイ」と並べ替えて発声してみたところ、とても滑らかにいくことがわかったのです。アとオで大きな口になり、一旦すぼめて次に横に小さく開くとエとイが何の無理もなく出てきます。私はこれが自然なのだと納得しました。

次いで五十音の全てをこの順序で言ってみたところ、一定のリズムが口の中で自然についてくるのです。「言葉の波だ」と直感し、同時に「能楽」を思いました。私の祖父は松山町に能を普及するために貢献した人ですから、私は小さいときから能や狂言に親しんできました。能楽にはうねりにも似た抑揚があるのです。

能楽と一緒にもうひとつ思い浮かべたのが、昭和天皇のお言葉でした。この時、私の体の中で、能楽と昭和天皇のお言葉、それに祝詞の三つが重なったのです。昭和天皇のお言葉の抑揚を思い返してみてください。あれは全て祝詞だったのです。これは、いかに昭和天皇は祝詞をお上げなさっていらしたか、いかに神様であられたかを如実に物語っています。私は言霊の全てを悟りました。言霊には音と調べの他に、波が必要だったのです。

私は昭和天皇の御影《みえい》をいつも神殿に飾らせていただいております。昭和天皇は現人神《あらひとがみ》であらせられると心から思っているからです。そして畏れ多くも昭和天皇の御歌を座右の銘とさせていただいているのです。

日々の　この我が行く道をただされと　隠れたる人の声を求むる

「隠れたる人」とは、神様のことです。

霊性を向上させる言霊〜和歌〜

音と旋律が波に乗って美しく調和すると、言霊は最高の響きとなって神に伝わり、同時にそれを発する者の霊性を素晴らしく向上させます。これが宮中における歌会始めの真の意味です。講師《こうじ》が披講するあの旋律が、大和言葉の真髄なのです。

和歌は思いを詠《うた》うものです。昔の思いにしろ、今その場の思いにしろ、歌を詠む時点ではすでに過去のものになっています。詠むときはその過去の時点まで引き戻るわけですから、和歌を詠むことは和歌＝若の言霊と相まって若返りに通じます。

大和之宮では「若返り」をことのほか大切にしています。若返ることは病気からも死の世界からも遠のくことですし、いつでも活発で若々しい魂でいることが大神様の最もお喜びになることだからです。

神様自体は美しい乙女の姿でお出でになるときもあれば、白髪の老人のお姿の時もあります。老人の形の時は老いを意味するというわけではなく、知恵が最高潮に至った全知全能の悟りを表しています。もし夢などで老人の姿をおとりになった神様がお出ましなら、知恵のお授けであることを自覚してお言葉などをいただくと、より良く通じることが出来ます。

また若々しいお姿であられたら、魂が一番活発に動いていて人間でいえば脂が乗り切った働き盛りを表していますから、エネルギーやお力のお授けであると感謝なされば良いのです。よく信徒さんなどから「神様は美人ですか」と聞かれるのですが、神々は美人とか可愛いとかのレベルではなく、思わずハッと息を飲み込むような気高さがおありになります。

五七調という神に通ずる旋律を持つ和歌を、私は毎日神前で詠ませていただいております。出来の善し悪しなどは大神様は決しておっしゃいませんから、皆様もどうぞその日その日の感激を和歌に整えてお詠みください。

神々しさが和歌の美学

万葉集から始まる和歌の系譜のなかに一貫するものは、自然詠《えい》です。山河、花鳥風月の美しさを歌人たちは感涙にむせびつつ詠み上げています。このような自然美に感動する心は、日本の自然の類いまれなる美しさからきているのは言うまでもありませんが、そこに流れているのは自然を神々と見なす古神道の精神です。

古代の歌人のみならず、現代の我々にいたるまで、日本人は大自然に対峙《たいじ》した時に言い知れぬ感動を覚えます。これは非凡なまでの美しさに接して神の御業《みわざ》を思わずにはいられないからです。

例えば富士山。たしかに富士山は世界中の人々から絶賛されるほどの景観美を備えていますが、万葉歌人・山部赤人が「田児の浦ゆ　うち出でてみれば真白にぞ　不尽《ふじ》の高嶺に雪は降りける」と詠嘆した感動は、景観美からだけでは湧き出てきません。赤人の瞳は富士の神を見つめていたのです。神話によって育まれた心が富士に神話の美を感じ、神を信じる瞳が神話の神々の美を捕らえたのです。

日本の神話は天地、山河、穀物に至るまでの誕生譚《たん》を網羅しています。歌人たちの心に日本神話があればこそ、彼らは自然の美しさに神々の並々ならぬ技量を感じ取っているのです。彼らが自然美に平伏するのは、神々の卓越した芸術的力に平伏しているのです。これが神話が培った感性であり、審美眼です。神のその御業を思慕し、畏敬し、憧れて出てきたのが日本の芸術なのです。

日本の神々は不浄を最もお嫌いになります。だからこそ日本人は清浄なるものに一番の美を感じるのです。これは自然美だけではありません。例えば女性の場合、確かに官能的で豊満な女性は一時は熱烈に求められるかもしれませんが、それだけのことです。男性が永遠に求めるのは冒しがたいほどの崇高な美しさです。清浄で気高く、聖なる美しさをたたえた女性こそ、男性が憧れて止まない存在なのです。ここでも自然美と同じく、人々は神の面影を求めていることがわかります。

日本の美意識は神に端を発しています。神の存在なくして本当の美、真の芸術はあり得ないのです。

早期英語教育より百人一首の暗唱を

日本語が第一音からきちんと発声されるのに対し、外国語は一拍置いてから始まります。ドアを叩く音ひとつとっても、日本語は「トントン」ですが、外国語は「ントント」になるわけです。これは日本人と他民族の霊性の違いを決定づける最たるものです。

また外国の世界には侘びやさびがありません。つまり自然をとらえきれないのです。「春の小川はさらさらいくよ」とか「笹の葉さらさら」など、日本の歌は自然を擬音化したり擬人化したりして徹底して捕らえて歌い上げています。しかし外国の歌は自然を歌うにしても「ああ、樅《もみ》の木、樅の木」と直接描写するに過ぎません。

このように音の響きの違いが、感性の違いとして表れてしまうのです。外国語はほとんどが子音で成り立っています。全ての音が母音にかえる日本語と、子の音の外国語では違いがあって当然のことです。

日本がおかしくなった原因の一つに、物の名前や歌が外国語になってしまったことが挙げられます。テレビやライターなど外国から入った物の名前はいざ知らず、日本語できちんとした呼び名があるものまで今日では外国語で呼んでいます。

下着と言えば良いのにランジェリー、お化粧品はコスメ等々、百貨店やスーパーの売り場の看板はカタカナにした外国語が氾濫しています。若い店員に「髪油」が通じず、「ヘアーオイル」と言ったらようやくわかってもらえたなどと、笑うに笑えない状況になってしまっています。何かカッコ良いとでも思っているのか「同意を得る」と言えば良いのに「コンセンサスをとる」、「予約する」で済むところを「リザーブする」…。ここはいったいどこの国なんだろうと嘆かわしくなってきます。国語を乗っ取られるのは、国を乗っ取られるのだということをもっと自覚しなければなりません。

外国語に習熟するのは素晴らしいことですが、それと母国語を崩すことは別問題です。まるで英語を話せなければ無能であると言わんばかりの風潮になっているので、今の若いお母さんたちは競うように子供を英会話の学校へ入れています。

母国語、つまり基本言語がまだ確立していない幼児期に、異国語で小さな頭の中をかき乱すのは如何なものでしょうか。小学校高学年になると理科や算数ができない子がポツポツと出てきますが、ほとんどの子が実は国語力が足りていないのです。算数も理科も日本語で理解したり考えたりするのだということを、人々は忘れがちです。小学校のレベルなら、学力低下は国語をしっかり教えることで全科目向上します。

外国生活者のように環境そのものが多重言語になっている場合は適応作用が働きますが、週に一回や二回のお教室ではアブハチ取らずになり、基本言語である日本語も、お金を出して習わせている外国語も、両方が中途半端なものになってしまいます。

近頃では「英語を第二の国語にする」とか言って、英語の早期教育がなされようとしていますが、とんでもないことです。まず日本語を小学生の頃から発音を含めてキッチリ教えることのほうが大切です。

幼児や小学校の低学年の子供に英語を教える暇があったら、私は百人一首の暗唱をお勧めします。意味などわからなくてもちっとも構いません。まだ柔らかい脳の中に選りすぐられた日本語をたたき込むことは、一生の財産になります。また五七調の優れた和歌は、その響きと言霊の作用によって素晴らしい脳活性につながります。

日本人の知能の高さが民族の特質のように言われていますが、かつての日本には普通の教養として詩歌を高らかに吟じる習慣が古来よりあったからです。大和言葉の素晴らしさを見直すことこそ、誇り高い日本へ復活するための鍵となるのです。

第四章　日本人の心

魂の教育

人間の背中には何もついていません。背中は魂が働く場所だからです。オンブが赤ちゃんの魂の教育に良いのは、赤ちゃんがお母さんの魂と直接触れ合うからです。

オンブをすることにより赤ちゃんは安心します。今、赤ちゃんを胸に吊り下げる形のものが流行っていますが、あのように不安定なやり方では安心感が得られません。また、お腹とお腹を合わせて抱っこするのならともかく、赤ちゃんは外向きに縛られています。外向きに母親と接して育つものだから、長じるに及んで親に背を向けて外向きになってしまうのです。オンブして母子が同じ方向を向いているとか、目と目を見つめ合って抱き合うとかの姿勢がないので、愛情が通わないのです。

愛情が通わないということは、魂が育ち合わないことを意味します。親も子を育てることにより魂を磨かせていただくのですが、これは愛の介在がなくては到底不可能なことになってしまいます。

近頃は滴《したた》るような愛に溢れた子育てが見受けられなくなりました。自分の自由を奪った犯人のように我が子を疎《うと》んじ、手塩にかけることも細やかに手をかけることもない殺伐とした子育てが横行しています。面倒くさがって育てた結果は子供からの裏切りです。

どうして子育てはこのように不毛なものになってしまったのでしょうか。昔はお祖母ちゃんがいて曾祖母《ひいおばあ》ちゃんまでいました。人生の、そして子育ての大ベテランであるお祖母ちゃんに昔の若い母親はいろいろな知恵を授けてもらっていました。ところが現代は核家族です。教えてくれるお年寄りはいませんし、隣は何をする人ぞという風潮では、近所のおばさんに頼ることもしません。

そこで母親たちは子育てのマニュアル本に頼るわけです。マニュアル本での子育ては動物の飼育となんら変わりありません。子供をかけがえのない貴い魂として扱う姿勢は、マニュアルからは学べないのです。マニュアルにそって接客するファーストフードの店員を思い浮かべてください。本の通りにするということは、あんなに味気ないものなのです。

若い母親は本の通りに育児をやっていこうと思いますが、これが大きな間違いのもとです。赤ちゃんは決して本の通りにはいかないのです。孤独な子育てをしている母親はここで悩み、次第にヒステリーを起こし、そのヒステリーが子供への攻撃になっていくわけです。まだ言葉もおぼつかない子供を叱り飛ばしている母親がどんなに多いことか。ショッピングカーの中で泣き叫ぶ子供、それを金切り声で封じ込めたり叩いたりしている母子の姿は、もう珍しくもなくなってきてしまいました。

子供というものは誉めて誉めて育てなければ絶対に駄目です。子供といえども魂の貴さに変わりはないのですから、恥をかかせては絶対にならないのです。三つ子の魂百までもという言葉がありますが、その魂が馬鹿な母親の殺伐とした子育てによって抹消されてしまったので、日本は駄目になってきたのです。

少し前、WHO（世界保健機関）が健康の定義に、心身に加えて魂の健全さも謳《うた》おうということになりました。各国はもちろん賛成したのですが、日本の代表だけが態度を保留したというのです。日本の役人は魂は科学で存在が証明されていないから、公式文書に魂という語が入るのにためらいを感じたと言うのです。魂といえばかつては日本の専売特許のようなものでしたのに、何とも情けない話です。

神を失った日本は魂にも留意しなくなったので、現在はフラフラの状態です。日本の魂、すなわち大和魂は、世界に冠たる崇高なものです。だからこそ私は大和魂を復活させるために、全身全霊を傾けているのです。しかし日本を取り巻く悪環境は、日本人の魂の骨抜き作業にやっきになっているのです。

「大和魂＝好戦的」とするのは一部の悪意に満ちた人々の曲解です。大和魂は清廉潔白で慈愛に満ち、しかも大変高い品格をたたえたものです。現代の人間にこそ見られなくなったものの、数々の伝統文化の中には大和魂は今も燦然《さんぜん》と輝いています。

魂を消失させた日本の成り行きを見通された大神様は、「戦後五十年でこの国はなくなる。天恵は五十年かけてこの国を立て直せ」と私に命じられたのです。

親孝行

私は夜眠る前に「お父さんありがとう、お母さんありがとう」という言葉を欠かしたことがありません。私たちは生かさせていただいております。この世に命を授かった元は両親です。両親の産霊《むすび》でこの世に命を授かったわけですから、両親に親孝行をすることは神様への恩返しになります。自分の命を生み出した究極の存在への恩返しになるわけですから、親孝行は絶対にしなくてはならないものです。

親にも色々あります。駄目な親、ペケな親もありますが、「命をいただいた」ことに対する恩ゆえに親孝行するわけですから、駄目であろうとペケであろうと親は親です。その人から生まれたことが、そもそも自分の魂の修業です。自分の魂の修業に最も相応しい人間が自分の親になるのが人間の定めになっています。自分で自分の親は選べないところから魂の成長の道程が始まります。それ故に、駄目な親の子供が立派な人間に成長する場合がとても多いのです。

運命は名前から始まるのですが、その名前も自分ではつけられません。親も自分では選ぶことが出来ません。これが現実なのですから、これを恨むのではなく、ここに「自分は修業のために自分の魂に最も相応しい道程を与えていただいた」という感謝の念を持つことです。こうすれば不幸の扉は閉じられます。「選べないものなんだ」と自覚することから人生は始まります。

駄目親ぺケ親の子供は本人が自覚さえ持てばそれだけ魂が強くなりますが、逆にお金持ちのボンボンやお嬢ちゃんは魂がフラフラになることもあり得ます。お金があることでかえって不幸になっている家庭が多くあります。お金を持つということはある意味でその人の魂を欠落させる危険性がありますから、私は「灰皿になるな」と言っているのです。灰皿は溜まれば溜まるほど汚くなります。

幸せとは自分が幸せなんだと実感できることであり、他人から見て「あの人金持ちだから幸せだよなァ」と思われるから幸せというわけではないのです。アンミツを食べる幸せ、納豆を食べる幸せが幸せなのです。食べたいと思ったときに目の前に食べ物があるのが幸せなのです。親というものに絶対的に恩があるのは、一番最初に食べさせていただいたからです。お乳をいただく、ご飯をいただく。それらは全て親がしてくださったことなのです。

今は親捨て子捨ての時代です。しかし、子供を粗末に育てた親が子に捨てられるわけではありません。親を粗末にした人間が自分の子供から捨てられるのです。子供の前で姑の悪口を言った親も同様です。因果応報とは仕返しをされることではなく、自分も同じ目にあわされることなのです。親を大切にしない人間は、自分も子供から大切にされないわけで、原理はいたってシンプルです。

しかしあの世を挟むとことは違ってきます。悪いことをした人間はあの世で神の裁きを受け、次に生まれ変わったときには自分が犯した罪とそっくり同じことを、今度は自分が受けることになります。殺人があったとします。この世的には当然殺したほうが悪いということになりますが、輪廻転生の中で見ますと殺された人は前世で罪を犯していますから、因果応報であるわけです。

自分の魂が最高に高くなるためにいるのがこの世ですから、関わる人は全て自分の魂を成長させてくれるのだと考えれば、全然違う人生が送れます。無理難題を吹っかけてくる人にも「ありがとう」、いじめられれば「やったァ、いじめてくれてありがとう」と、ワクワクしてきます。

反対に全てを不幸ととらえて恨み節ばかり歌っている人は、「自分が幸せと思えば幸せ」の逆で、どんなに良いことがあっても不幸としか思えません。つまり、魂の原理がわかると、全部わかってしまうということなのです。

先祖供養

先祖代々のお墓を造り、家の中に仏壇を設《しつら》えて先祖を供養するのは、西洋にはない日本の美風です。個人主義の思想には家とか家門という考えはなく、親とか祖父母など直接自分と関わりのあった人を偲《しの》ぶということはあっても、見えない方々にまで思いを廻らすということはありません。

日本人の心は世界に類を見ない程の高潔さを誇ってきました。揺るぎない精神や限りない優しさなど、日本人を日本人たらしめている特質の数々は、実は家という考えに基づいた先祖供養の習慣が作り上げてきたものなのです。自分の命は親からいただいたものです。親はまたその親から命をいただきました。自分がここにあるのは先祖様がおいでになるからです。その感謝の心が先祖供養の出発点です。

先祖供養と神様の祀り方を教えることは、何にも優る最高の躾であり、家庭円満の秘訣です。祈る子が悪い子になるはずがないのです。私は子供の非行に悩む母親が相談に来たときは「お母さん、あなた手を合わせていないでしょ」と、きつく言います。母親が神仏を大切にしていないと、神仏は母親の大切なものを通して教えられるのです。元が見えないから全てが見えてないのです。

先祖様を供養するのは一家の繁栄の土台石です。これを教えているのがお墓です。お墓は土台石の上に一家の名前が記してありますが、あのように家は先祖祀りという土台がなければ立たないものなのです。一方、神様祀りをすることは家運隆昌の源です。両方そろっていなくてはなりません。神様は目に見えませんが、ご先祖様は元々生きていらした方々です。見えないものと見えるものが両方そろって初めて家門は盤石になるのです。

義理と人情

神様の世界は義理と人情の世界です。拝礼に始まって御礼で終わるのです。御礼をすることで神様に感謝の意を表すのですが、最高の御礼は命をいただいていることに対する御礼です。

義理人情というと何やらいかめしいので抵抗のある方もいるかもしれませんが、義理人情とは人様を大切にする方法のことです。この人には義理を尽くすけどあの人は憎たらしいから不義理でもいいわ、では片手落ちです。どんな人だろうと自分に関わりのある人はすべて神様から授けていただいているのですから、別け隔てなく義理を尽くして大切にしなくてはなりません。

人を大切にする人は人からも大切にされます。しかし反対に義理を欠いて借りを作ったままですと、必ず後でしっぺ返しがきます。物をいただいたときにはお礼返しをするものですが、私もこれだけは徹底して実行しています。私のお礼返しの仕方は、例えばお商売の方でしたらその人のお店へ行き、私の払える範囲内で物を買わせていただきます。また物販の人でない場合は、山形のお米をお持ち帰りいただいたり、手紙一行にしろ心を表すようにしています。

日本人は御礼と御礼でつながっています。言い換えれば品物が行ったり来たり、手紙が行ったり来たりするわけですが、それで縁が深まっていくのです。そのような行為を虚礼としてあたかも上辺だけの礼儀ととらえる人がいますが、御礼をする心は真心です。その真心が品物であったり手紙だったりするわけですから、それを虚礼だと思う人は心が貧しいのです。

心が貧しい人は人間性が低下している人です。人間性が高い人ほど御礼の仕方は大きいものです。つまり、器の大きい人ほど心の表し方が大きいのです。心の貧しい人はまた、霊性が低く動物に近い人でもあります。人間と動物の最大の相違点は意識を持ったことです。意識を持ったがゆえに文化を生じ、そのことがまた人間を人間たらしめているのです。文化には自ずと礼儀作法が付随するものですから、礼を失するのは意識と文化を無視することであり、人間性を否定することなのです。

動物に近い人には感性がありません。感性がなければ「ありがたい」とは感じられないのです。人間の心の中で最も崇高なものは感謝の心です。感謝の心が最高位であるのは、それが湧き上がる心だからです。感謝の反対は妬《ねた》み、嫉《そね》み、恨《うら》みの心です。これらは溜まる心です。嫉妬や恨みの心は自分の魂を最も小さくしてしまいます。魂が小さくなると物事をどんどん悪くとらえるようになり、最終的には悪いことしか見えなくなって、全てを人のせいにしてしまいます。

しかし逆に、妬まれる人も妬まれるような態度と言葉を出しているのも事実です。それらを知らず知らずのうちに出しているから、知らず知らずのうちに妬まれてしまうのです。例えばAさんにとって十万円は朝飯前のお金、しかし一方、Bさんにとっては一ヵ月の生活費に当たる金額だとします。そういう背景でAさんが「今日は十万円しか持ってきてないわ」という言葉を出せば、Bさんは当然面白くありません。なんて嫌みな人だろう、何も私の前であんなこれみよがしな言い方をしなくてもいいのにと、思ってしまいます。もちろんAさんには悪気などないのですが、結果としてAさんはBさんに妬まれてしまいます。

妬む人は自己中心の塊です。そして妬まれる人は相手に気遣いが出来ない人です。妬みは自分より少し上の人に対してするものですから、はるかに上の人には憧れこそすれ、妬まないものです。妬まれているうちは、まだまだと思わなければなりません。

義理人情に厚い人ほど人間性が優れており、神様から最も好かれる人間です。神様に好かれると人生は自分の思い通りになります。

義理と人情とはまた、約束のことでもあります。神仏との約束は絶対に破れません。何月何日に参拝すると口に出したら、絶対に行かなくてはなりません。神様が待ち構えておいでになるからです。約束を破らなければ絆《きずな》は切れません。神仏との絆が切れないならば、こんな幸せなことはありません。

義理人情は日本人の精神の根幹を成す心です。そしてそれらは任侠道を生きた人々の真髄でもあります。チンピラヤクザではない任侠道は、神道と限りなく近い相似を見せています。彼らの儀式作法は神道における神前作法を踏襲していますし、義理と人情の世界では「御礼参り」を最も大切な「義理事」にしていますが、その点も神道と同じです。ただ近年のチンピラの世界では、「御礼参り」が全く逆の意味で使われているようなので残念です。

言葉をことのほか大切にするのも義理と人情の世界の特質です。言葉を大切にすることは義理と人情という思いの深さを表しています。言葉の一言一句をおろそかにしないのは、それだけ思いの刻み込みが確実になされているからです。言葉に責任を持たず、一言一言に細心の注意を払わない人間には義理や人情、深い思いなどはありません。口下手と言葉のあやふやさは決して同一ではありません。心に言葉の深い刻みがないから、その場その場の言《げん》を放ち、やがて言ったことを反故《ほご》にしてしまう結果に終わりますが、世の中ではそれを嘘つきと言います。

心が深く言葉を大切にする人ほど胆《はら》が大きいものです。魂が育つところが胆ですから、義理人情に深い人ほど胆が大きくなり、人間の器も大きく男気があるのです。

言霊エネルギーの最高峰～挨拶～

大和之宮では各種の祝詞や御神呪と同様に、挨拶をとても大切にしております。「お早うございます」の言葉の発声は「陽」の作用があるので、人の気も辺りの気も陽気にさせます。また「お早うございます」の言霊は、成就が「早うございます」という作用を持っています。このように人間の朝昼晩の挨拶は、言霊のエネルギーが最高に高まる神経綸になっているのです。ですから、朝の挨拶が「お早うございます」と、ございますまでキチンと言い合える家庭は、家のエネルギーがとても高くなっています。

最近、有名アイドルが「オッハー」なる半端な挨拶を流行させましたが、あれは日本語潰し、ひいては亡国の言葉です。正しい日本語を使うことは国を守る最大の防御です。中途半端な言葉を使うと人間が中途半端になってしまいます。人間の中途半端は言葉の中途半端となって表れますから、チンピラ・不良・犯罪者は全て中途半端な物言いをしています。逆に言えば言葉が中途半端だから、魂が育ちきらないのです。

魂は正しい言葉によってのみ育ちます。何かオシャレなことのように若者たちが意味不明な言葉を交わし合っていますが、それこそは彼らが「パッパラパー」と称される所以です。女性、特に若い女性や女学生がさかんに男言葉を使っていますが、これもどっちつかずの魂がなせる業です。汚い言葉は肉欲の乱れに通じるので、最近の性風俗の乱れはあの汚い言葉使いに起因しているのです。言葉使いの粗《あら》さは恥ずかしさの消失につながるからです。若い人の行儀の悪さには目を覆うばかりですが、言葉が直れば背筋も伸び、全開に投げ出された足もきちんと膝がそろうようになります。

私は七のつく日毎に祈願をしていますが、毎回「正しい日本語を使える国民になりますように」とお祈りしています。最近になって正しい日本語に関する本が次々とベストセラーになっていますが、私どものこうした祈りがまたひとつ現実となって現れてきたのだと感謝しています。

私は各地で講演をさせていただいております。講演会ではエネルギーの塊となってお話ししておりますから、なおさら祈りは早く実現します。私が講演会をことさら大切にするのはこのためです。

童謡の心

この世の中で一番きれいな魂は真魂《まだま》と言われるものです。真魂なす子というのは生まれ立ての赤ちゃんのことですから、赤ちゃんは神様に一番近い存在です。

童とは小さな子供の意味ですが、童はどうして穢れがないのでしょうか。無邪気、つまり邪気が無いからです。

神は神歌を邪気が無い童の歌にしました。昔の子供は神社の境内で童歌《わらべうた》を歌いながら遊んだものです。「かごめかごめ」の遊びもみんなで輪になってやっていました。神様は童歌や童謡を歌わせることによって、大人やこの世の邪気を祓おうとお考えになったのです。

大和之宮では童心行といって童《わらべ》の心に戻す行をしていますが、この行の目的は邪気を取り除くことにあります。人間は無邪気になることによって素《もと》の心が生まれてきます。これを素直と言うのです。神様が最も お喜びになり、神様に一番近づく単純な道は素直です。

かつて酒鬼薔薇事件で十七歳の凶行が日本中を震撼させたとき、大和之宮では三ヵ月間ずっと童謡を歌い続けていました。宮でも歌い続け、商店の信徒さんはお店で童謡を流し続け、各家庭でも何しろ童謡を歌い続けて邪気を祓うことに専念したのです。やがて続発していた十七歳の凶行はおさまり、NHKでも童謡の番組が流されるようになりました。こうして歌い続けていれば、必ず知らない誰かに伝わるものなのです。歌は響きですから、きれいな歌はどこまでも届くのです。

童謡を歌う効用はまだあります。知恵が湧き上がってくるのです。人間はお腹の中にいるとき神様からいろいろ教えていただいたことがあります。お乳をくれる人がお母さんだと教えられなくても知っているのはその一つです。それが童謡を歌うと表に現れてくるのです。

童謡を歌って機嫌が悪くなる人はいません。それは慈愛の心や励まし合いの心を思い出させてくれるからです。慈愛は母からいただいたものですから、童謡を歌うと母心が霊《み》について身についてくるようになります。母心は神心ですから、こうして人間は本来の素直で慈愛に満ちた心を取り戻していくのです。

童謡は神歌

日本人の民族性の基調にあるのは、古神道アニミズムに基づく自然愛です。日本人にとって神は畏《かしこ》み敬うだけのものではなく、血縁的な愛情と甘さを覚える対象でもあるのです。自然の神々と夢中になって戯れる無邪気さが日本人の自然愛の姿です。最も豊かに自然愛に目覚めた人々は、例えば良寛さんのように童心そのものの生涯を送っています。

自然の神々に対する無邪気な愛情が童謡を生みましたから、日本の童謡は自然を全て擬人化しているのです。月は天体現象ではなく「お月さん」ですし、太陽はお陽様となって「にこにこ声かけた」りするわけです。

神様も童心を最も愛おしんでいらっしゃいますから、数々のメッセージを童謡に織り込んでいらっしゃいます。童謡は神歌です。そこには神様の御計画が歌い込まれています。まずは「かごめかごめ」。これは今から神様が天地をひっくり返すが如くに大きな浄化をし、誰を生き残らせるか、どなたが救世主として立つかを「後ろの正面だあれ」と歌ってあるのです。

次には「通りゃんせ」です。「御用のない者通しゃせぬ」ですから、大浄化の際に御用のない者は生き残らせないと言ってるわけです。御用とは神様からの使命ですから、自分は何のためにこの世に降ろされたのかを自覚しない者は、この世を通らせてはいただけないのです。そして「行きは良い良い帰りは怖い」ですから、この世に生まれてくるのはいいけれど天に帰るのはなかなか大変ですよ、ということで「怖いながらも通りゃんせ」となるのです。

この歌のお遊戯では終わりの「通りゃんせ」の「せ」で、一同がパッと左右に分かれます。これは落とされる者と引き上げられる者に選別がなされることを意味しています。そこで「花いちもんめ」になります。落とされる組と引き上げられる組で花いちもんめをやらせ、神様は種《タネ》を選び出すのです。「ちょっとおいで」と呼び出すのですが、怖くて行くことが出来ない。そこで「お鍋をかぶってちょっとおいで」となります。お鍋というものはひっくり返さないとかぶれませんから、神様は世の中をひっくり返そうとなさっているのです。見える世界から見えない世界へひっくり返されるわけです。

人間は未知のものに対する恐怖がありますから躊躇します。すると神様は、「相談しましょ」と言って神々が相談されるのです。国造りのときと同様の神議《かみはか》りがなされて、人間はついには選り分けられるというのが神々の御計画なのです。

神社の怠慢、母親の怠慢

神社は地域に密着しています。ただ参拝を待つだけではなく、神社はお祭りという行事を通して地域に積極的に関わりを持ち、かつ子供に対して神様との関わり合いを情操教育していくものです。ですから神社のお祭りは絶対に廃《すた》らせてはならないものであり、ひいてはそれが伝統文化の継承につながっていくものなのです。

ところが最近ではその大切なお祭りが日曜日に行われるようになってしまいました。それぞれの御祭神《ごさいしん》にはその御祭神にまつわる特別な日があるのですが、そういった神様のご縁日など一切お構いなしに、ただ人間の都合だけで勝手にお祭りの日程を変えてしまうのはいかがなものでしょうか。ここにまず、日本の歪みの端緒を見る思いがします。

ある一の宮へ参拝に行ったときのことです。ちょうどお祭り日だったらしく、ご神職がお祭りの祝詞をあげていたのですが、参加者はゼロ。わずかに氏子の役員さんと思しきお年寄りがいるだけでした。ここまでお祭りは廃れてしまったのかと、私はショックを受けてしまいました。

お祭りの子供神輿《みこし》も、最近では空缶工作や発泡スチロールのがらくたに色を塗りたくった物が使われていたりしますが、これもとんでもない話です。御神輿はそもそも神霊の乗物として担ぐものです。日本の神様は常日頃は空や海などに居まし、人の招きに応じて、あるいは神霊御自らのご意志によって人里を訪れ、祭りを受けてご意志を表示されるものでした。しかし神霊には常に近くにあって見守ってほしいという人間の願いから神社が建立されるようになり、御社に鎮座していただくようになったのです。

このように常設神社があるようになっても、やはり神霊は祭りの度に訪れてくださるものですから、社殿を出発した神霊が区域内を巡行する形はそのまま残ったのです。その神霊の憑《よ》りどころが御神輿であり、山車《だし》であるわけですから、ただ何かを担がせれば良いというものでは決してありません。神様をお乗せして区域内の隅々までご神徳を行き渡らせるのが御神輿の役目なのです。

こうした重要な役目を持つ御神輿ですから、古来より形などもきちんと定められており、多くは皇室がお使いになる鳳輦《ほうれん》(晴れの儀式の行幸の際の天皇の乗物)に似せたものです。地域によっては樽《たる》神輿であったり榊神輿《さかきみこし》であったりしますが、いずれも神聖なものとして作られています。

その神聖な乗物への神霊の御霊移しが神職によってなされ、その後練《ね》り歩くのがお祭りです。だから、これを空缶やダンボール、発泡スチロールなどの廃棄物で作るなどもってのほかであり、これを黙認している神主は怠慢の誹《そし》りを免れません。神職は祭り本来の意味と御神輿の真意をもっと地域の人々に教えていかなければならないのです。

お祭りが本来の意味を失い、だんだん廃れていった原因のひとつには、母親の怠慢があります。神の来訪に備えて家の内外を掃き清め、子供たちに晴れ着を着せ、親族一同と神との共食のために一生懸命ご馳走を作るお母さん。この姿が現代日本にはほとんどありません。

ほんの少し前までお祭りといえば、子供たちにとってお正月と並ぶ最大のお楽しみ行事でした。行事を楽しい晴れの日にするかどうかは、ひとえに一家の主婦たるお母さんの演出にかかっているのですが、特別なことが大嫌いになってしまった現代の母親には、神様をお迎えするという意識以前に、子供たちを楽しませてやろうという心意気そのものが欠如しているようです。

そのくせ異教徒のお祭りであるクリスマスだけは、ツリーを飾りご馳走を作ってパーティーをするのですから、あきれてものが言えません。キリスト教の方々にしてみれば自分たちの聖なる日を、信仰もないのにふざけ半分でどんちゃん騒ぎに利用する姿は迷惑そのものに違いありません。

お正月もパック詰めのおせち料理を並べて寝正月、法事は親戚の人が来るからイヤという主婦があまりにも多く、これでは日本は消えていくしかありません。ご利益《りやく》欲しさに神仏には熱心に手を合わせるかもしれませんが、こうした生活の中の神事・行事をさぼって念仏だけ唱えていても、ご神仏は決してお喜びにはなりません。

もし日本が立派に立ち直ることを望むなら、いや、そこまで考えが及ばなくとも、もし自分の子供たちが将来きちんとした人間に育つことを望むなら、今日からでも遅くはありません。日本の伝統行事をお母さん、あなたの手できちんと演出することです。お正月、節分、お節句、七夕、お盆、お祭り、お月見、法事等をきちんとやってごらんなさい。それだけで、お子さんは素晴らしい感性と情緒を兼ね備えた優秀な人間に育っていきます。

お祭り衰退のもうひとつの原因として、地域の怠慢も否めません。地域の連帯などとうに忘れ去られた中で、町内会などの組織を充実させるのは大変難しいことだとは思いますが、逆にお祭りを通して隣人とのコミュニケーションを図るということもあり得るわけです。

かつてのお祭りは屋台がずらりと並び、見世物小屋まで設置されて、それは心踊る楽しいものでした。御神輿を担ぐのも本当のことを言えば、各家からいただくご祝儀やお菓子が楽しみだったからです。物が豊富になったこと、子供が集団行動を嫌うようになったこと、子供の娯楽が室内のゲームになってしまったことなどが、子供のお祭り離れの原因として挙げられますが、子供の本質は昔とさして変わりがないはずです。家庭や地域がお祭りムードを盛り上げれば、子供は必ずその気になるものです。

「御神輿はね、ご近所みんなの家まで神様をお乗せするんだからね」と言って送り出せば、人間は本当は誰でも何かの役に立ちたいと思っているわけですから、子供は使命感に燃えて勇んでお祭りに参加します。

神様は本当にいらっしゃることを、お祭りを通してぜひ子供たちに教えていきたいものです。

第五章

家庭は国家の礎なり
家庭の根本は母性にあり

悲しいままごと

　私は幼稚園の先生をしていましたから、子供の姿を通して現代の家庭をいやというほど垣間見てきました。子供の様子がおかしいとき、私はままごとをさせました。子供はままごとで自分の家庭をそっくり再現するものです。落ち着きのないイライラした子などは、ままごとの中で「うるさいッ」と怒鳴って卓袱台《ちゃぶ》をひっくり返したりするのです。

　家庭のあり方がどれだけ子供に影響を及ぼすかを、私は胸が潰れるような思いで見てきました。しかし、ままごとを通してわかるのは家庭だけではありません。子供の想像力がいかに低下したか、言語能力がいかに低下したかも、ままごとはハッキリと示してくれるのです。

　ままごとは「見立て」の世界です。草をホウレン草に見立て、かまぼこの板をまな板に見立て、瓦をお皿に見立てて私たちはままごとを楽しんできました。この「見立て」が想像力を培《つちか》ってきたわけですが、今ではお皿のおもちゃ、まな板のおもちゃが与えられているので、想像力の働かせようがありません。

　また、「見立て」の場合は仲間との了承が必要ですから、「これさァホウレン草にしよう？」とか、「この木、お箸になるよね？」、「これ瓦だけどお皿にしようネ？　どんぶりよりお皿がいいよネ」などの会話が出てきます。しかし「見立て」が出来ないと、脳の活性化は停滞してしまいますし、言葉も貧弱なものになってしまいます。

日本の伝統文化は、実にこの「見立て」を中心に発達したものです。生け花は花鉢の中を自然の風景に見立て、虚実等分に自然を再現しようとしたものです。また茶の湯は全ての設定が見立てそのものです。茶室は市中に山里の庵を見立てたものですし、お道具も古今東西のものを「見立て、見立て」で追求して取り揃えるのが最高の茶事になっています。日本画もたいへん高度な表現は見立て絵です。これは描くほうにも鑑賞するほうにも同等の和歌などの教養を必要とするもので、文化が成熟していなければ決して生まれない芸術です。

たかがままごとと思う人もいるかもしれませんが、子供の世界に健全なままごとがなくなることは、実に空恐ろしい事象を示唆しているのです。子供のままごとは言い換えれば「お母さんごっこ」です。ご飯を作ってくれるお母さんへの限りない憧れが草の菜っ葉を刻ませるのですし、優しく接してくれるお母さんの模倣がしたくて、お人形さんの世話を焼くのです。お客様ごっこのままごとも、美しい言葉や所作でお客様に接するお母さんの真似がしてみたくて仕方がないからするのです。昔ながらのこうしたままごとが子供の世界から消えつつあるのは、子供の日常生活に模倣したい母性の存在がなくなってしまったということです。

一昔前は、女の子に大きくなったら何になりたいかを聞くと、多くの子が「お嫁さん」と答えたものですが、それは母親が本当に素敵な存在だったからです。女性の社会進出が進んだ結果、今や女性にも男性と同等以上に職業の選択肢がありますが、それと結婚を拒否するのとは話が別です。母親になることよりキャリアを選ぶ女性は、ままごとをしなくなった子供と根のところは同じです。

家庭か仕事かと悩むのは愚の骨頂です。古来より専業主婦はほんの一握りしかいなかったのです。みんな家事だけで過ごしてきたわけではありません。農家の主婦しかり、商家の主婦しかり、職人の女房しかりです。ただ、労働が家の中にあったか外にあったかだけの違いです。女性は家事や育児をしながら労働をする力があるのです。

日本のお母さんはそれだけ忙しい思いをしながらも、りっぱに子供の憧れの存在であり得たことを今の母親は学ぶべきです。子育ては、次世代の親を養成する仕事でもあるのです。

子の悪口を言う母親

現代の親子関係で一番の問題は、子供の躾を親が出来なくなったことです。今の親は全て人任せです。子供が不出来だと親は学校のせいにし、先生は先生で親の責任だと言う。両者が責任をなすりつけ合うという情けない状態ですが、子供の責任はいったい誰にあるのでしょうか。

私はそれを「お茶碗の原理」と名付けて信徒さんに説明しています。お茶碗が不出来なのはお茶碗の責任ではもちろんありませんし、焼いた窯《かま》のせいでもありません。土をこねて作った人のせいです。子供は誰が作ったのでしょうか。親です。つまり、子供の全責任は親にあるのです。ところが今の若い母親は、責任を負うどころか子供よりもまず自分とばかりに、自分の都合を中心に、つまり自己中心にことを進めすぎています。

そんな母親に親としての自覚を呼び覚まさせるものは、やはり言葉です。花子さんでも春子さんでもない「お母さん」という言葉で周囲が呼びかけることにより、役目を忘れたお母さんは、母親としての機能を発揮させるようになります。

乳幼児期にテレビを見せっぱなしにするのも、子守りをテレビに押しつけているわけですから、責任転嫁のひとつです。テレビという片方向のお相手では言葉が失われてしまいます。人間は言葉で感じ、言葉で認識し、言葉で記憶し、言葉で思考する生き物です。しかしその言葉は、会話のキャッチボールがなければ発達しません。何の言葉がけもせずに育てておいて、うちの子は頭が悪いだの何だのと、結果が出てからブツブツ言っているのが現代の多くの親なのです。

ＰＴＡなどに出席しますと、これでもかというぐらいに子供の悪口大会や困り事博覧会が繰り広げられています。困り事は困っている人にこそ原因があると私は常に言っていますが、まさに子供の困り事の原因は困っている母親にあるわけです。私はＰＴＡの懇談会では必ず「お陰さまで、こんな良い子で幸せです」と言い、さらに「成績の良し悪しはその子の能力次第のことですから」と言いますと、お母さん方は一様に目が点になってしまいます。どうも子供の責任の部分と親の責任の部分を混同している母親が多いようです。

朝の会話は「早く起きなさい」「早くご飯を食べなさい」「早く学校へ行きなさい」の三つ。夜は「はい、宿題やりなさい」「はい、風呂に入りなさい」「はい、寝なさい」の三つ。すべて命令口調です。遅刻するのも夜更かしするのも全て子供の責任領域ですから、親は口を出す必要などないのです。親という字を割るとどうなっているでしょうか。「木の上に立って見る」です。親は子を黙って見ていればいいのです。

親は子の悪口を言ったり、命令を下すのではなく、子供を強くする言葉を言わなければなりません。小さいときから「あなたは頼りになるわ」という言葉を幾度も幾度も繰り返して、子供に植えつけるのです。「祈り」の章にあるように、ここでも先取りの言霊が生きています。「頼りになるわ」の言葉が子供を力づけるのはもちろんですが、言霊のお力により、必ずそれが形になって現れるようになるのです。

現代の親は躾と教育が出来なくなったのと同時に、子供を守ることも出来なくなってきました。子供を守る上で大切なことは、「自分はこの家の大事な宝物」と子供自身に思わせることです。これが第一点。そう思わせる為には「あなたはこんなにも皆から望まれてこの世に来たんだ」ということを、母親は繰り返し徹底的に言い続けなければなりません。

第二点は、愛情と安易に口に出しますが、愛情の真の表れは信じることです。愛情があるならば、我が子をどこまでも何があっても信じてやらなければなりません。

幼児虐待の母親へ

現代の幼児虐待の原因として、まず挙げられるのはコンピューターゲームの普及です。ゲームの中では簡単に死ぬし殺されます。若い母親たちはその感覚のままで現実を生きていますから、命が物に代わってきてしまっています。同時に、少子化が始まった世代の彼女らは大勢の兄弟の中で競うこともなく、かえって親に十分すぎるほどの世話を受けながら育っていますから、ケンカもしていません。叩かれた経験がないので痛みもわからないのです。

また、自分の心が未熟なので感情の処理ができませんから、彼女らは感情のおもむくままに剥《む》き出しで生きています。これでは動物です。いや、動物のほうがまだ母性本能が壊れていない分、ましかもしれません。

よく幼児虐待する親たちは、「自分も虐待の中で育った。いけない、いけないと思いつつも、親に刷り込まれているからつい同じようにやってしまう」と、自らの生い立ちのせいにしています。確かに親も悪いのでしょう。愛情もなく育ったから愛情がわからない人間になったのは事実です。しかし、それもやはり言い訳です。現に虐待をしているのは自分なのですから。

虐待をする母親たちは、子供を出産したときの陣痛の痛みを忘れてしまっています。もし自分の虐待を止めたいのなら、痛みを思い出してください。もし自分の周りに虐待をしている愚かな母親がいたら、「あの痛みに耐えて命がけで産んだ大切な子供でしょ」と一言言ってやってください。

本当に虐待を治したいと思うなら、鏡の前で親子で声を出すことです。アオウエイ・カコクケキの順番で濁音半濁音合わせて七十五音を、親子で声をそろえて発声するのです。

鏡は魂を映し出すものですから、自分がやっていることが見えてきます。これを一日一回で良いですから繰り返すのです。必ず治ります。

また、もっと高度に確実に治したいと思うのでしたら、古神道には五臓六腑を整える歌としての「アワの歌」があります。書き添えておきますから、やはり鏡の前で親子で唱えてください。「アワの歌」には精神を整える大きな働きがあります。

虐待は精神が逆向きにねじくれているから起こるのです。今この本を読んでいる方の周りに虐待に苦しむ母親がいたら、この方法を教えてやってください。大和之宮に来られた方は皆この方法で、子をいじめさいなむ地獄から抜け出しています。

アワの歌

アカハナマイキヒニミウク　フヌムエケヘネメオコホノ
モトロソヨヲテレセヱツル　スユンチリシヰタラサヤワ

この「アワの歌」は、大和之宮の日拝詞の中にも秀真《ほつま》文字の形で納められています。一昔前、私は天河の神様によるお引き合わせで、著名なマンガ家である美内すずえ氏と出会いのご縁をいただき、美内先生から鳥居礼先生のご著書『秀真伝《ほつまつたえ》』を贈呈していただきました。それが私と秀真文字との出会いでした。

私はその本の中にあった「アワの歌」の「アワ」にとても心が魅かれました。大神様から「エネルギーの気の流れを司るのは渦巻きじゃ」と教えられていたからです。神の波動は渦巻きで表されるという教示と、アワの原理が一致していたのです。アワとは天と地を表しています。

その後、アワの歌を含む秀真伝の記述が、全文五七調でなされていることに驚き、これはただごとではないと思うに至りました。細かい記述の真偽はともかく、内容の半分以上が私が大神様から教えていただいた内容と一致していたので、大和之宮として取り入れさせていただいたのです。

その後、鳥居礼先生との出会いがあり、この秀真伝が縄文期に作られたことも学びました。私は精神性が最も高かった縄文期に霊性を戻したいと考えていますから、アワの歌を「大祓いの詞」の真ん中に取り入れたのです。大祓いでいやがうえにもきれいに浄められたところへもっていけば、あたかも矢が的を射貫くが如き効果が期待できるからです。

先頃敬宮様ご誕生の折、宮中では鳴弦《めいげん》の儀が執り行われました。鳴弦とは弓に矢をつがえず、張った弦を手で強く弾き鳴らし、その発する音によって邪気や穢れを祓うというものですが、宮中の鳴弦の儀の場合は古事記の一節を読み上げた後に弾き鳴らすわけですから、これは明らかに言霊の儀式であると私は確信しました。読み上げた詞を弦の波動に一致させ、振動で神様にお伝えするわけです。神事には弦楽器をはじめ、弓などの糸を使う場合が多いのですが、これは神の意図＝糸とした言霊でもあります。

母性本能は神のお働きと同様

日本の国は母なる国です。「元始、女性は太陽であった」の言葉通り、日本を象徴する太陽神天照坐皇大御神様は女性であられます。また日本神話も国生みという「産む」ことから話は始まっています。「産む」は母の仕事です。私は自分自身、子宮を有していることと子供を産むことで、女性であるという自覚をしました。

神様のお働きは、母の働きとまったく同一であると私は位置づけています。神様は「産《むす》霊《び》」をして産み育まれます。これは母の働きそのものではありませんか。

むすんで　ひらいて　手を打って　むすんで
またひらいて　手を打って　その手を上に……

神と女性の働きを表したのが、この童歌です。むすぶとは離れているものを繋《つな》ぎ止めたり、契《ちぎ》りを交わしたり、ものごとを生成したり、結実させたりする意味です。縁を結び、契りを交わし、受胎して十月十日の命の熟成期間を経て女性は子を産みます。ここが「開く」です。「開く」には浄化して晴れ晴れし、良い方向に向けて栄えさせる意味が含まれていますから、女性は神がそのようにし給う如く子供を育み、能力を開発させ、栄えさせるのです。そして「手を打つ」。つまり柏手を打って祈りを捧げるわけです。以上の繰り返しの後「その手を上に」ですから、魂よ上に上がれとまた祈るのです。

神様と同じお仕事をする母性本能が無くなってきたのは、戦後、神様が取られてしまったからです。母性本能は神様から頂戴したものですから、女性にだけ子宮というお宮さんが備わっています。女性は子宮というお宮さんで子供を宿し、育てるのです。

どこの神社にもたくさんの木々があります。神社の木立ちは育っていく有り様を木々によってお示しいただいているのです。しかも木の種類は杉ですから、すぐなる木であり、まっすぐに育つことの大切さを神様は示して申されているわけです。

母性本能が無くなったと同時に失われたものは、親孝行です。母性本能と親孝行は密接なつながりがあります。昔は順序からいけば、親の面倒を見るのは子供でした。それが今では親も子供に頼りたくないし、子供も親の老後の世話など出来れば御免被《こうむ》りたいということで、老人ホームが大盛況の有り様です。双方が頼ることのない個人主義の横行で、家族制度は崩壊してしまったのです。

家の中における母親の存在とは一体何でしょう。「かみさん」と呼ぶように母は家の神であり、太陽でなくてはなりません。よく私は「ハッハ様であれ、カッカ様になるな」と言っておりますが、今の母親は年中笑って太陽のように明るい温かなお母さんではなく、四六時中命令を繰り返し、カッカと怒っているお母さんばかりです。

まっすぐ育てるために、時には厳しい躾も必要なのですが、母性を消失してしまった母親に躾など出来ようはずはなく、ただ自分の思い通りにいかないことに腹を立てては怒っているだけなのです。

躾がおざなりなのは自分が母親であるどころか、この子を産み出したことまで忘れてしまっているからです。本来ならしっかり家庭に目を向けていなければならない立場にあるのに目が外に向いてしまっているものだから、真剣に子供と向き合えないのです。これでは立派な子供が育てられません。女性がだらしなくなると国が滅ぶというのは、結局こういうことです。

女性の乱れは国の乱れ

大神様が私を女性としてこの世に降ろしたのは、ひとつには命の神経綸《しぐみ》を身をもってわからせる為なのですが、もうひとつは女性の退廃ぶりを女性の手で立ち直らせる為でもあります。

娘が娘らしくなくなり、母親は母親でその役割を果たしていない。現代日本の惨状はまさに目を覆うばかりです。家を美しく整えて家族に安息をもたらし、美味しい料理を作って家族を養うということが、まずなされていません。部屋は散らかし放題で、食事は外食か出来合いのものを買ってきて済ませてしまう。これではお母さんではなく、ただの女という動物です。若い娘たちも乱れに乱れ、男言葉を使って身仕舞いは塗りたくりこそすれ清潔に磨こうとはしていません。

これらは全て霊性の低下のなせる業です。中でも性的乱れの凄さは、霊性もここに地に落ちたりの感があります。大神様は性の乱れは病気や困難を招き、ひいては短命の元だと言っておられます。誰とでも頻繁に性的関係を結ぶ女性は、自らが率先して不幸の道を歩いているのです。

霊性の低下云々は、刺激を求め始めることで明らかにわかります。眼には残虐シーンを求め、耳には大音響で音楽を聞きたがり、鼻には必要以上の香料をも厭わず、舌には激辛をエスカレートさせ、身には更なる性的刺激を欲しがり、意識はジェットコースターのようなスリルによってのみ満たされる。眼耳鼻舌身意の全ての感覚は、霊性の高さと正比例の関係で鋭敏になるものですから、いかに刺激を求める人々の霊性が低いかがおわかりになると思います。そこまでの刺激を与えないと目覚めない程に、感覚が鈍麻しているのです。

人（＝霊止《ひと》）の子を産み育てるという大役を仰せつかっている女性の霊性がここまで低下すると、国魂《くにたま》という国の魂が汚れ、エネルギーも枯渇してしまいます。アメリカは犯罪・暴力大国でもあるのですが、あそこは建国の際に原住民であるアメリカン・インディアンを大量虐殺したカルマを、アメリカの国魂が背負っているからです。インディアンの霊性はまことに高く、ほとんど神人と呼んでも差し支えない程の民族でしたから、虐殺のカルマは未来永劫にわたるまで、恐らく消滅しないだろうと私は見ています。

さて日本の国魂ですが、どうもこれが内側に向いているときは国が栄えて、外側に向いているときは衰えるようです。鎖国時代の文化の爛熟を思い出せば納得がいくと思いますが、さりとて今さら鎖国など出来ません。しかし、世界から色々と取り入れようとする前に、まず日本の良さを見つめるようにすれば、国魂は内側に向いて日本は再び息を吹き返します。欧米かぶれはこのあたりで止め、日本古来の伝統美や生活様式に立ち返るのです。

世界的に見て日本の何が優れているかといえば、まず四季がはっきりしていることです。そして水が美しい。この美しい水があるだけで、どれほど霊性が向上するか計り知れません。水の力はそれ程素晴らしいのです。日本では古来よりお正月に若水を汲んで神棚に上げたり、玄関にまいてお浄めをしたりするのですが、これだけで神気が家中に満ち満ち、一年間は何の魔もささないほどに霊性は高まります。私どもでは必ずこの若水を汲み上げるのですが、これだけは血縁の者が行っています。若水の汲み上げは血統を守る儀式でもあるからです。水は流れることにおいて血と同類です。

さて、女性の霊性の向上ですが、立居振る舞いを美しくすると霊性はみるみる高くなってきます。かつて「しずしず」と形容された日本女性の所作は、今やドタンバタンになってしまっています。洋風の建築様式や生活様式が、どうしても日本女性の立居振る舞いの美しさを奪うようです。ですから、基本的なことをいえば、まず住宅建築から日本の伝統にのっとっていくのが理想的です。日本女性の「しずしず」は、畳と襖の文化が作ってきたものなのです。

不倫には貧乏という天罰が下る

不倫をテーマにした小説がベストセラーになり、テレビのドラマも不倫、流行歌も不倫を匂わせたものが流行るなど、ひと頃は不倫が大流行でした。マスコミに煽《あお》られた愚かな人々が、やらなければ損とばかりに不倫に走り、至るところで様々な悲劇が今もなお繰り広げられています。

不倫もまた、母性本能の崩れが招いたものです。母性本能は子供を産んで育てるものですが、これが壊れてしまうと女性はただの女でしかなくなり、快楽のみを求めるようになってしまうのです。

大神様は「肉欲の乱れは世の中の乱れの根源なり」と不倫を特に厳しく戒《いまし》めていらっしゃいますが、本人たちには悪いことをしているという意識はありません。これが一番の問題です。テレビドラマなどマスコミは、不倫をしている者が美しく切なく輝き、本妻がまるで悪者であるかのような描き方をしています。昔なら日陰者として本人も遠慮をしていたものですが、今では奥様のほうが耐えに耐えている有り様です。

こんな風だから大神様も大浄化という怒りの鉄拳を振るおうとなさるのです。不倫は神様の逆鱗に触れる行為です。不倫をするのは心に隙間風が吹いているときです。何か満たされないとき、人は不倫に走るのです。

同じ不倫でも、誰にも知られず誰にも迷惑をかけずに、ほんの一度きりの過ちを犯してしまったのでしたら、まだ救いようがあります。しかし、W不倫と言うのでしょうか、双方の家庭に暗い陰を落としながら開き直る不倫は、一番罪が重いものです。それでも二人が真剣に愛し合い、心中を考えるぐらいならまだしも、多くの不倫はまったくの浮気です。中には自分が満たされないものだから、人の家もかき乱してやろうという魂胆でよそのお父さんを誘惑したり、まったくの遊び心で人の心を弄《もてあそ》ぶ罰当たりもいますから、もうそういう不倫はどうしようもありません。

浮気は見栄の張り合いであり、騙し合いです。騙しとは嘘のことです。嘘に嘘を重ねると運の勢いが削《そ》がれてしまいます。そうなるとお徳が取れて福は寄りつかなくなり、気がついたときには貧乏になってしまっています。また、嘘という空の言霊を積み重ねることで、言霊の作用によって人生もお財布も空っぽになってしまうのです。

夫婦別姓問題

日本民法は「夫婦は婚姻の際に定めるところに従い、夫又は妻の氏を称する」と、夫婦同姓を規定していますが、これを批判して夫婦が別々の姓を名乗ることを認めるよう、法を改正することが提起されています。女性の社会進出にともない、働く女性の不利益を解消するために提起されているのですが、この夫婦別姓には大きな問題が含まれています。

今日社会問題として国家も個人も悩ませているものは、青少年の凶悪犯罪や幼児虐待の激増、いじめやそれに関連した不登校や引きこもりなどです。この原因を探れば必ず家庭問題に行き当たり、世間ではあらためて家庭の教育力の再建や家庭の価値の見直しが叫ばれています。

このように家庭が崩壊の危機に直面しているときに夫婦の別姓を導入すれば、ますます火に油を注ぐことになるのは明らかです。ただでさえ細くなった家族の絆が細くなっているのに、同じ絆である姓の同一を排除してしまったら一体どうなるのでしょうか。

夫婦が一つであったからこそ、戦前にはあの素晴らしい家庭教育ができたのです。それが夫婦が別姓になれば夫と妻の関係はあなたと私の関係になってしまい、親子という関係すらも見えにくくなってしまいます。これでは夫と妻の役割も親と子の役割もなくなってしまい、家庭は完全に崩壊してしまいます。

左翼思想が最も敵対視するのは家庭です。彼らはバラバラの個人を自分たちの思い通りにしたいので、家庭という社会構成単位はじゃまなのです。また、彼らの支配の方法は思想統一ですから、家庭教育という余分なものがあっては困るわけです。常識や一般通念が家庭によって仕込まれていると、先兵として無思慮な行動をさせるときの障害にもなってしまいます。これらのことを考え合わせますと、間違いなく家庭崩壊へと導く夫婦別姓の導入は、悪意に満ちた策略としか思えないのです。

社会形態がまだ未成熟で女性の地位が確立していない頃の日本では、夫婦は別姓でした。北条政子は源の政子になることはなく、日野富子も足利富美子の名を名乗ることができませんでした。これは「腹は借り腹」の思想に基づくもので、女は子を産むことだけが仕事の子産みマシーンとしての存在でしかなく、夫婦はいわば、一生他人であったわけです。ところが社会が洗練されてくると「家」としての概念が発達し、武将も「一門」ではなく「一家」としての動きが大切になってきました。「家」が何よりもの基盤であることに社会はようやく気がついたのです。それまではよほどの地位を持つ者以外は誰某《だれそれ》の娘としか記述されていなかった女性が、戦国時代頃から歴史的にようやく名を持つようになりました。このあたりから夫婦同姓になったのです。明智光秀の娘は細川家に嫁ぎ、明智ガラシャではなく細川ガラシャとして名を残しています。

家庭が社会構成単位として最も優秀であると気づいた日本人は、それ以降、家庭家族を中心に子弟の教育にいそしみ、国家社会に貢献して素晴らしい成果を上げてきました。同時に女性、母親の地位は格段に上がったのです。夫婦別姓はこうした歴史を逆行させて家庭の解体に直結するものであり、日本の社会全体をもう一度五百年も昔の混沌に引き戻してしまうものなのです。

別姓を名乗る夫婦の間にできた子供は、産まれたときから「選択」を余儀なくされます。どちらでも良いほうを選ぶということを出生時からさせられる子供には、確固たる拠り所がありません。○○家に生まれた自分が○○家を名乗る。たったこれだけのことが、いかに心の安定になるかをよく考えなければなりません。例えば兄弟が生まれたとします。僕はお父さんの姓だけど妹はお母さんの姓、次に生まれた妹はまたお父さんの姓……となっていては、兄弟の連帯感などどこかに吹き飛んでしまいます。それでは、「兄弟は他人の始まり」どころか、他人そのものになってしまうのです。

人間の安定感は己の出自の明らかさにかかっており、姓はその出自を確かめる一番簡単で確実な方法です。さらに言うならば血筋の正当性、いわゆる血統は人間にこの上ない誇りを与えるものです。純血は何も馬だけを誉め称える言葉ではありません。

血の誇りや民族の純血を唱えると、グローバル化を叫ぶ人々はすぐに対立の構造を持ち出して食ってかかりますが、グローバル化とは各民族各個人が差別を受けないことで立派に成立するものであり、互いに尊敬し認め合うようにさえなれば、争いも起きません。グローバル化とごちゃ混ぜを勘違いしてはいけません。

夫婦の安定が子供の安定の基盤であり、家庭は夫婦の安定のうえに成立します。家庭崩壊を促進する夫婦別姓導入に大和之宮では断固反対し、署名運動を展開中です。働く女性の不利益は、「通称使用」などの法整備によって解決する問題です。

夫婦の道

天照坐皇大御神様は世界のヒナ型として日本を選ばれ、日本のヒナ型を大和之宮に置かれ、さらに私の安食家をそのヒナ型に作られていらっしゃいます。ですから極端な話をすれば、安食家が家庭円満を通せば日本中の家庭が円満になり、やがては世界人類が円満になるという図式を大神様は設定されたのです。こういうわけで、私はことさら夫婦円満を大切にしております。大神様も「夫婦《めおと》の道、守れや」と言い続けていらっしゃいます。

ただの好きから始まった仲が、やがて認め合い信じ合うようになるのが夫婦の道です。現在の日本社会で夫婦の道が崩れているのは、ひとつには「我良し」の世の中になったからです。一昔前なら子供のためを思って我慢したりしたものですが、今はその我慢ができません。ここで我慢をすれば、やがて気持ちも通じ合う夫婦になれたかもしれないものを、今はすぐに離婚して別れてしまいます。

我慢を我慢と思えば耐えられません。この世には修業のために生まれてきたのだと思えば、我慢は我慢でなくなります。苦しみは自分を磨くための試練のひとつだからです。物事は捉え方次第だということです。

しかし世の中には離婚したことで大きな幸せをつかんだ人もいます。これらの女性は持てる力と社会適合性があまりにもありすぎて、伴侶のない半分の身でちょうど良い人たちなのです。

第六章　神に祈る

神様参りの礼儀作法

神様に向かう際に一番肝心なことは礼儀作法なのですが、これを知らない人は案外多いものです。せっかくお参りに行っても、礼儀作法がでたらめだと神様にはなかなか思いが通じません。

まず日本がどうして貧乏になってきたかをお話ししましょう。それはお賽銭を投げるからです。これでは神様からお金は要らないのだと思われても仕方ありません。お賽銭は両手を重ねて「頂だい」の形にして差し出すものです。

お賽銭の目安は一食分です。大切なお客様とお会いする場合、まず考えるのは「何を召し上がっていただこうか」ということです。おもてなしはお食事ですから、お賽銭も食事分というわけです。お賽銭というと十円玉を握りしめる人も多いのですが、昔なら十円でパンの一個も買えましたが、今では到底一食分は賄えません。

お賽銭をそのようにお上げした後、二礼して柏手を打ち、いよいよ祈りに入ります。まず住所と氏名を申し上げて名乗りをします。神殿の正面をはずして立ち、自分の顔と、自分はどこの誰であるかを神様に覚えていただくのです。

続いて何の目的で参拝しにきたかを申し上げ、願い事は事細かく具体的に述べ、最後にまた両手を重ねて「頂だい」の形にして頭を下げます。ここまでしないと「お陰」には預かれないのです。

多くの人は合格祈願や安産祈願など様々なお願い事で神社へ出かけますが、その後が悪すぎます。御礼がないのです。神様に御礼を言いに行き、「ありがとうございます」と感謝することで、初めて神様は「ありがとう」の中身を返してくださるのです。今、日本人が神社で足りないものは「ありがとうございます」です。お祈りは感謝だということをまず知らねばなりません。

神様がどれほど御礼参りを喜ばれるか、身近な例をお話しします。

私ども大和之宮に、娘さんの合格祈願をして見事叶った信徒さんがいました。大祭には不参加だと言うので、私は「御礼参りの意味も込めて」とお誘いしました。何かお陰をいただいたときは大飛躍のチャンスだからです。

信徒さんは私の言葉に促され、万障繰り合わせて大祭に参加し、大神様にそれは熱心に娘さんの合格の御礼をしていました。その様子を見ていた私の口から「ご苦労様でした。大神様が御礼のお返しでご褒美を下さいますよ」という言葉が、思わず知らず出てきました。するとその直後のお楽しみ抽選会で、その信徒さんはみごと特賞を引き当てられたのです。

もうひとつ、これは愛知県の信徒さんの話です。横道にそれた弟さんが暴力団と杯を交わすことになったのですが、それは説得で何とか納まりました。ところが暴力団のほうが脱会を許さないので大変お困りになり、信徒さんは毎日のように大和之宮の支部へ通われました。

するとある日、幼なじみから「急に顔が浮かんできたから」と突然の電話がありました。その友達は実は名の通った親分なので、信徒さんは渡りに船と弟のことを相談したところ、「そいつなら俺の舎弟だから、何かあったら連絡しろ」と言ってくれたそうです。

数日後、弟さんが関わっている暴力団が家に怒鳴り込んできました。信徒さんは早速親分に電話を入れ暴力団に受話器を渡したところ、「そこの人に関わるんじゃねェッ！」という親分の一言ですべて片づいてしまったのだそうです。

こんなに嬉しいことはないと、愛知県からわざわざ山形の大和之宮まで御礼参りに来たところ、この方も特等賞がいただけました。

この他にも商売の形などにして、御礼参りで神様のご褒美をいただかれた人は枚挙にいとまがありません。これが「ありがとう」の現実なのです。

大神様がいかに「ありがとう」を喜ばれるかのお話をもうひとつ。ある信徒さんの息子は岡山で就職しているのですが、その息子さんが班のリーダーに昇格し、喜んだお母さんは早速大和之宮に御礼に来られました。すると程なく今度はチームのリーダーに抜擢されたので、律儀なお母さんはまたもや御礼参りに来られました。するとまた昇格されたと言うのです。

このお母さんは今では「大神様はありがとうを喜ばれるから」と、私以上に皆様に「ありがとうの効用」を説いていらっしゃいます。

「なりますように」はなっていない証拠

神前に額ずいて様々な祈りを捧げるのですが、祈りの言葉にも効果的な言葉とそうではないものがあります。

例えば受験の時ならば、「この子の将来にとって一番相応しいところに入学させていただけますことを感謝します」と申し上げるのです。「合格させてください」ではいけません。それは誰かを落とすことにつながるからです。

商売繁盛を祈願するとき、たいていの人は「商売繁盛をお願いします」と祈られますが、商売繁盛をお願いするということは、商売が繁盛していないということです。これでは感心しません。まず「お陰さまで」から入るのです。次いで「一大々飛躍、一大々繁盛、一大々発展させていただきました。ありがとうございます」と祈るのです。

「いただきました」と過去形になっていることに違和感を感じられる方もいるでしょうが、これは私たちが「中今《なかいま》」を生きているからです。中今とは過去と未来の真ん中の今のことです。一分前は過去、一分先は未来。私たちは「今」を生きています。だから何でも「いただきました」と過去形で言うのです。自分の魂がキレイで大きくなっていれば、神様にはすぐ届きます。これを私は「先取りの祈り」と呼んでいます。すべて先にいただいたものとして祈りますから、すべての祈りを感謝の言葉「ありがとう」で締めくくるわけです。

家族円満のお願いも同じく先取りの祈りでします。

私は毎日神様に「お陰さまで家族円満に暮らさせていただいております。ありがとうございます」と言っています。「なりますように」は、なっていないことです。

具体的に祈る

祈りはより具体的である程神様に届きます。また私自身の祈りでお示ししましょう。

「長男○○は東京事務所で頑張って仕事をし、妻○○、子供○○と、お陰さまで円満に暮らしております、ありがとうございます。長女△△は△△高校△△科に毎日元気に通い、高校生活を満喫しております……」という具合です。具体的に、かつ感謝です。「お陰さまで主人◎◎も◎◎会社の◎◎支店で元気に勤務し、順調に仕事をはかどらせていただいております、ありがとうございます」。これは主人用です。

私自身については、「元気に今日一日奉仕させていただきます、ありがとうございます」と祈って出かけるわけです。何度も申しますが、「なりますように」はなっていないし、「叶いますように」は叶っていないのです。

では次にご病気になられた方の祈りについて申し上げましょう。

軽いご病気のうちはともかく、中には悲しい宣言をされた方もいらっしゃいます。そのような方のために祈るとき、私は「魂をお救いください」と申し上げます。肉体は滅ぼうとも魂は生き通しだからです。そして「この方の素晴らしい魂は神様からのいただきものです」と申し上げ、続いて「ですから、天に帰るのも地に置くのも、神様の御心にお任せいたします」と締め括ります。

このように祈りましたら、末期ガンのような方でもお陰さまで誰一人苦しまずにすみました。大和之宮の信徒さんは皆、魂の教えを学んでいますから、死んでも生き通しであることがわかっています。奥の奥から納得しているので安らぐのです。

神に通じる姿勢

幸せな人生を送る秘訣は、神様から好かれることです。ではここで、どのような態度や行いが神様に好かれるのかをお話ししましょう。

神様はきれいなことが大好きです。しかも徹底的にきれいなことが大好きなのです。家の内外をスッキリ清潔にしたり、自分自身も清潔に保つことはもちろんですが、何はともあれまず、神棚の御鏡《みかがみ》を美しく磨き上げることが肝心です。

鏡は物を写すものですが、写すは移すに通じます。神棚で自分が宣り上げた言霊はまずご神体である御鏡に届きます。祈りの思いはこうして御鏡に移り、光が反射して象を映すかの如く形になって現れるのです。これがご利益をいただくまでの仕組みで、すべて鏡が持つ写す、移す、映すの言霊が作用しています。御鏡が曇っていてはあなたの祈りが反映されません。

次に神様がお好きなのは子供心です。子供は心が素直だから神様はお好きでいらっしゃるのです。素直であること、素朴で単純であることが神様から一番好かれる条件です。つまり疑わない心を神様は愛《め》でられるのです。「ありがとうございます」と御礼をするときも、本気で信じて素直な心で言うから神様に移るわけです。

わたしが「うつる」という言霊を頻繁に使うのは、一旦あの世の鏡に移りさえすれば、この世的に反映されるときには何倍もの大きさで現していただけるからです。あの世とこの世ではスケールが違うのです。

あの世の物はすべて巨大ですから、奈良の大仏様はあの世で仏様を見た人がそのまま造ったのであって、誇張でも何でもありません。「うつる」とはそういうことです。神様に本当に通じたら、驚くほどの結果がもたらされます。

私はかつて神様のお導きで羽黒山へ参拝したおり、数々の不思議な体験をしたあげくに一天にわかにかき曇って、大粒の雨に見舞われたことがあります。その時の参拝で私は自分の使命をしかと自覚させていただいたのですが、その祈りが神に通じて大きく映った結果、あの大粒の雨玉が何十倍の大きさの水晶玉となって私にもたらされています。

神様にちゃんとお参りすれば本当に凄いことになることを、私はこれからもお示しし、皆様にも実感していただこうと計画しております。

人生儀礼と神社参拝

冠婚葬祭とは人間の生涯の重要な節々に行われる人生儀礼のことです。冠は加冠の意味で成年式を表しますから、生まれたばかりのお宮参りから七五三、成人式に至るまでの子供の成長に伴う諸儀礼のことです。婚は婚礼、葬は葬式、祭は先祖供養のことです。

まず、新生児はどうしてお宮参りに行くのでしょうか。地方によって異なりますが、だいたい生後三十日過ぎに新生児はお宮参りに行きます。これは一般的な意味で言えば「これから氏子の仲間入りをさせてください、どうか成長を見守ってください」という神様への挨拶なのですが、霊的な意味で言えば、この初宮参りの時に神様が赤ちゃんに目には見えないアンテナをお立てになるのです。これは神様と交信するためのアンテナで、眉間のあたりに立てられます。

このアンテナの確認作業が実は初詣です。人気神社では何万もの参詣者がいちどきに押し寄せますから、はるか遠くから御賽銭を放り投げてパンパンと柏手を打っておしまいという人も多いのですが、もったいない話です。ちゃんと神殿の前へ行って顔をよくお見せしなければ、初詣の真の目的は果たせないことになってしまいます。

次は七五三です。この行事も子供の成長過程の節目節目に無事育ったことの御礼をし、これからも育つようにという祈願をするのですが、霊的にはやはり他の意味も含まれているのです。

三歳・五歳はやはりアンテナの確認をしていただきに参るのですが、七歳は神様のお宿《やど》内《うち》の童から人間になることの儀式です。七歳までは神の子である童なのですが、七歳を境に神様から人生という旅に出されるのです。神様と直接つながる神の緒《お》は、この時に切れてしまいます。これが童謡にある「この子の七つのお祝いにお札を納めに参ります」の意味です。

これ以降、人によっては神様に近づこうとしなくなる人もいますが、神様もそういう人からは遠ざかってしまいます。頻繁にお参りしてちゃんと顔と名前を覚えていただき、アンテナも正常に機能しているかを確認していただかなければ、神様は救おうにも顔も名前も明らかでない者は救いようがありません。

私はよく日陰の草と日向の草に例えて言うのですが、日向の草になればどんどん伸びるのに、不信心者は好んで日陰に回るような毎日を送っているのです。神様は陰が何よりもお嫌いです。ですから陰口をたたくような人は決してお近づけになりません。悪口を言うのであれば面と向かって言えばいいのです。

そして婚礼の儀、結婚式です。これは神様のご承認を仰ぐ大切な儀式です。豪華な披露宴は各自の好みでどのようになさっても自由ですが、「むすび」の誓いは二人できちんと神前に額ずかなければなりません。

葬式はまるで仏様だけの領域のように思われていますが、人間が他界するときには氏神様からご本尊様にご連絡が行き、ご本尊様がその人の先祖をお遣わしになってお迎えが来られるのです。このように氏神様や産土《うぶすな》様はその人の一生の面倒を見てくださるわけです。最後に先祖祭りですが、亡くなった方々に思いを馳せることが信仰心の第一歩ですから、法事などはことさらきちんとして、目に見えない方々への畏敬の念を培うようにしたいものです。そこから大神様への道が始まるのです。

神棚を祀る大切さ

神棚は自分の魂、つまり生きている魂が休まる所です。死んでいる人の魂が休まる所は仏壇です。神棚は神気の発信場所でもありますから、神棚のある家とない家では家の中の見えないエネルギーの差が歴然としています。ここで言うエネルギーとは生活力のことです。生活力を生み出す神棚は、家族の絆の元になっています。

祈りという行為は天に通じる行為です。例えば「おばあちゃんが良くなりますように」

とか「あの子が合格しますように」と祈るのですが、このように人様を案じた場合、最初に行うのが祈りです。自分中心ではない世界はここから始まりますから、祈りのある家では家庭崩壊などありえません。

戦後日本が無くしたものは、各家庭の神棚と神社の権威です。そして天皇への畏敬の念も薄れてしまいました。これらは全て神様のことです。日本は神様を無くしてしまったのです。

日本の思想や文化の根源は神です。神にまつわる全てのものが取り上げられれば、日本の国体は形もなく崩れてしまいます。しかし逆に、日本を形作る神々様が各家庭にお入りになれば、これ以上の盤石な備えはないわけです。

家の神棚にお祈りする場合、「うちの神様だから」とばかりに家族のことばかりお願いする人も多いと思いますが、それは逆です。大和之宮では家庭の神棚でする日々の祈りの詞の中に、大神様のご開運、日本の弥栄《いやさか》、ご皇室への感謝などを唱えるように、日拝詞に組み込んであります。

祈るとき、自分の魂はまるで飛行機に乗って上昇し、下を見下ろすような形になっています。上空からは全体がしっかり見渡せますし、細部までもハッキリ見えます。しかし下から上を見上げても、こうはいきません。雲や霧に遮《さえぎ》られるからです。

祈るとき、神様や国家、ご皇室などの上つ方のことを祈るにつれて、〝飛行機〟は上昇しますから、最後に自分のことを祈るときには、天から筒抜けの状態になるのです。

自分のことを最初に祈るから、その祈りは地面あたりで滞《とどこお》って天に届かないのです。「天皇皇后両陛下、ありがとうございます」と祈れば天から筒抜けになりますし、私は日本人で良かったという意味になりますから、大神様は大喜びです。大神様の本来のお働きは皇室守護の一点に尽きるからです。

すべて見通しの問題です。見通しが良ければ「お見通し」となって、願いは届きます。また、祈るは意乗《いの》るですから、自分の意識を〝飛行機〟に乗せれば良いわけです。

氏神様のお力〜不和・リストラ・不況時の祈り方〜

よく氏神様と産土神《うぶすな》とはどう違うのですかというご質問を受けますので、ご説明します。

産土神様は自分の生まれた場所の神社です。そうすると出生した病院の近くと勘違いされそうですが、そうではありません。妊産婦はたいがい実家に戻ってお産をしますから、妊産婦の生まれ育った家の近くの神社と言ったほうがわかりやすいかもしれません。実家が引っ越していたら、引っ越し先の神社です。

産土様はその人が生まれてから死ぬまでの一生の面倒を見てくださいます。嫁いだり引っ越したりすると御加護が替わるのではなく、神様がもう御一体増えるわけです。

一方、氏神様は本来は同じ氏の神様なのですが、実際には今自分が住んでいる家の一番近くの神社がただ今現在の御加護にあたられます。

まだ氏神様にご挨拶に行っていない人は、次の順序で参拝してください。

1、住所と名前をしっかり申し上げる。

2、「私はここに住まわせていただいております。このたび初めて参拝させていただきました。今までご無礼いたしました。これからも宜しくお願い致します」と御挨拶申し上げる。

氏神様にはできれば毎月一日と十五日に参拝に行きたいものです。そして日々安泰に過ごさせていただいていることの御礼を申し上げ、ここでもやはり大神様と御皇室の御開運や弥栄をお祈りします。氏神様の総元は伊勢の天照坐皇大御神様です。天照坐皇大御神様は皇室を守るためにあられるのですから、天照坐皇大御神様と御皇室のことをお祈りすると、見通しの原理でしっかり聞き届けてもらえるのです。

ここで氏神様のお力の一例をご紹介します。

ある女性が突然嫁ぎ先から離縁を迫られてしまいました。本人も迷いに迷い、大和之宮に大神様の御神示を仰ぎに来られました。

大神様は「心の中で納得が行かなければ七日間氏神様に祈れや」と仰せられ、「自分の幸せと主人の幸せ、そして嫁ぎ先の家族の幸せのみ祈れ」と細かく指示され、そうすれば一番幸せな道を神が決めてくださるとのことでした。「離縁させないでください」ではなく、幸せを祈るのです。

私は彼女に大黒様の御みくじを勧めました。この御みくじは不思議に今差し迫った問題の解決策や、今一番しなければならないことを教えてくれるのです。彼女が引いた御みくじには「とにかく神におろがめ（拝《おが》め）、神と一体になっておろがめ」と記してありました。そして私は「雨降って地固まるだからね」という言霊を発しました。

彼女は早速氏神様に出かけました。すると突然ザーッという物凄い雨が降ってきたそうです。そして帰宅しますと、ご主人のお母さんから「もう一度やり直してもらうために、今から迎えに行きます」という電話が入ったのだそうです。彼女は七日間どころか、たった一日で結果が出てしまったわけです。

・リストラにあってもお陰さまで……。

リストラにあったときこそ氏神様へお出かけください。氏神様は生活を守ってくださる神様ですから、ご商売がうまくいっていない人も不況に苦しむ人もぜひお出かけください。不況といえば、この平成大不況の真っ只中にあっても、大和之宮は順調に発展させていただいております。よその人はよっぽど寄付をとっているに違いないとか、高額を要求しているのだろうと思いがちですが、違います。神様のエネルギーが違うのです。大和之宮の神様は生きている神様だからです。私は全国各地に仲良しの宮司さんがたくさんいらっしゃるのですが、これは私が「生きている神様」について全国を一生懸命説《と》いてまわった結果なのです。

さてリストラされたときの祈り方です。

「お陰さまでリストラに遭いました。どうぞ世の中に役立つ人間になるためにお仕事を下さい。そのようにさせていただけますことを心より感謝します」と、朝の六時に祈りを開始するのです。六時に時計の針を見ると、天と地がつながっています。どこでも六時参拝としているのはこういうわけだからです。また、一生の問題ですから、一升のお酒を上げます。

次は不況の経営者の場合です。

神社が不況の地域は氏子も不況なものです。不況の時は動くことが大切ですから、三社参りを行って地元の神様のほかに近隣の神様にも加勢を頼むのです。そして、「お陰さまで今日も暮らすことができます、ありがとうございます。この暮らしが良くなりますようにさらに頑張りますから、お力をお貸しいただけますことを感謝します」と祈るのです。三社は一日で回り切ります。その動くエネルギーが気を回させ、お金も回るようになります。切羽詰まったときのエネルギーはとてつもないエネルギーになりますから、そのエネルギーを持って回るのです。

空っぽの時は入るときです。無くすものがなければ恐れもありません。

大黒様への参り方

大黒様は食べ物の上に乗っていらっしゃいます。大黒様を大切にするとお金が寄ってきますし、食べ物にはまず困りません。だから大黒様は台所に祀ってあるのです。

大黒様をお祀りしてある所では打出の小槌を振ってお参りをする場合が多いのですが、あれは大黒様にお金の音をお聞かせしているのです。ご家庭でも簡単な打出の小槌を作って、大黒様にたっぷりお金の音をお聞きいただきましょう。

　まず茶筒に小豆を一握り入れます。神様は小豆が大好きです。山形では疱瘡送りの時も小豆を使用していました。茶筒に小豆を入れたら、次にトイレットペーパーの芯を付けて柄にします。お手洗いは魂を生み出すところですから、お手洗いの備品を使うわけです。もし芯が柔らかければ、紙を詰めるなどして補強します。茶筒の本体と芯の柄をガムテープでグルグル巻きにして固定したら、新聞紙を使って小槌らしい膨らみを作ります。次にその上を赤い木綿の布でくるみます。還暦の赤いちゃんちゃんこのように、神事のお目出度には必ず赤い布を使うのです。そしてこれを赤い糸で留めればできあがりです。

　こうして作った打出の小槌を、私は三三九度で九回打ち振ってお祈りを捧げています。この祈り方は大変気持ちも良く、ありがたい形が必ず現れてきますから、ぜひ御家庭でも実行してみてください。

全国一の宮巡拝

　一の宮とはその地域全体を管轄していらっしゃる神社のことです。その地域の大将様だと思っていただければわかりやすいと思います。一の宮様は元々は自然神です。ほとんどが水の神様であり、大三輪山のように山そのものが御神体であったりもします。一の宮に参拝すると、人間社会的に表現すれば、お名前を覚えていただいて、配下の神様全体にお達しがいきます。大将様の覚えめでたくといったところでしょうか。

　私が全国一の宮を巡拝したおりには、全ての一の宮様から素晴らしい贈り物を頂だいしました。例えば日光の二荒山神社では青竹四本をいただき、福島県の都都古別《つつこわけ》神社では土台石四個を授かったのですが、これらの贈り物は「地鎮祭いたせや」という意味なのでした。そのように全国をぐるりと廻り終えましたところ、授かり物全部で神殿建立の神経綸が出来上がっていたのです。念の世界でいただいたものが、現実世界できちんと現物となって現れるというご利益を授かったわけです。

　これほどの御稜威をお秘めになっている一の宮様なのですが、悲しいことに多くは荒れ放題です。これは神主さんの怠慢と言わざるをえません。ですから私の一の宮巡拝は神様起こしの旅でもあったわけです。さらに併せて、大神様から救世主として選ばれた安食天恵の挨拶廻りでもありました。

　ご挨拶は認可をいただくことです。大神様から良しと言われても、一の宮様からご覧になれば不適格ということもあり得るわけです。しかし幸いにも各一の宮様は私に合格の○印をお与えくださり、その証がさきほど述べたような贈り物だったのです。

神を見失い、魂を置き忘れた日本を神国として蘇らせることが、私、安食天恵に課せられたお役目です。全国一の宮の社殿奥深くにまどろんでいらっしゃる神々様をお起こしするとともに、神々様をお守りするお役目にいらっしゃる各宮司様、神主さんたちに自覚を促すのも、私の一の宮巡拝のお仕事でした。ある方はそんな私を「道場破り」と形容されましたが、とんでもありません。神国日本復活への盤石の礎作りだったのです。

今では笑い話になっていますが、最初はどこでも胡散臭くお思いになったようでした。キンキラキンの神様屋さんと混同されたのかもしれません。ところがいざお会いしてみると態度は一変され、同じ宮司さん神主さん仲間に紹介してくださったりなさるのです。

一の宮巡拝をするにあたり、大神様は私に合い言葉を下されました。それが日拝詞にあります「天照らす光に向かう真の道」です。例えば御大家に伺うと最初に女中さんが出て、次にお取り次ぎが来て、最後にようやく御当主様にお会いできるものなのですが、「天照らす光に向かう真の道」と唱えますと、いきなり御当主様が出ておみえになるのです。大神様はこの合い言葉で私が救世主・安食天恵であることを保証してくださり、いきなり奥の奥に鎮座まします一番立派な神様との御対面を可能にしてくださったのです。

さらに私はこの言葉により全国の神社様を結んで、ネットを張ったわけです。神様ネットワークです。日本列島の地震の鎮火、来たるべき大浄化をいかに最少に留めるかを目的として、私はこの神様ネットワークを張ったのですが、それでも阪神大震災が起こってしまいました。この大地震は同一地域内の半分は被災し半分は何ともないという現象が特徴的でしたが、これは何とか半身（＝阪神）でお許しいただけたということです。

来たるべき震災は全身に及ぶと言われております。そうなればやはり名古屋・東海が危ないので、私は現在一生懸命にお鎮まりを祈っております。

伊勢神宮

お伊勢様は大昔は一般庶民が参拝できない神社でした。御皇室のためにしかお祈りが許されない神社だったのです。現在はお神楽《かぐら》を奉納することによって、個人の御祈願も受け付けますが、本来お伊勢様というのは御国のための神社なのです。国の力を高めて国をしっかりと固め、国をしっかり守るための神社であるわけです。

お伊勢様では二十年に一回遷宮をします。この遷宮がお伊勢様の力を高める儀式になっているのです。遷宮は西にある金《かね》の座《くら》と東にある米《よね》の座へ交互になされているのですが、神様が米の座においでになるときは世の中は安定期、金の座においでになるときは世の中に不穏な空気が漂ってくるのです。今現在（平成十四年）は米の座に御鎮座なさっていますが、平成二十五年には金の座にお移りになります。

遷宮の時、伊勢神宮の御社はすべて新しく造り替えられます。そして御造営のための儀式に始まり、御神体を旧殿から新殿に遷《うつ》す祭儀までが、全て古式に乗っ取り寸分も違わず行われています。ですから二十年に一回の遷宮は、日本の伝統文化を正しく守り伝える重要な意味も持っているのです。二十年という間隔は次の担い手を育て上げるまで、伝承者を現役のままで生き長らえさせてくれます。

伝統文化を守ることは日本の国を守る大切な基盤です。このように日本を守ることにおいても、伊勢神宮は神社の中の総本山的な役割を果たしているのです。大神様は私に「伊勢の宮より来たれば、受け申すが良い」とおっしゃられたのですが、それは「国を守れや」という意味だったのです。何もわからない私は「はいっ」と元気良く受け申したのですが、お役の大きさに今更ながら感じ入っておる次第です。

このような経緯がありますから、大和之宮は国を守るという大儀のもとに建てられた神社ということになります。現世利益をうたわない宗教なんて流行しないと揶揄《やゆ》する人もいますが、そもそもの発祥や意義が違いますから、何に効くとか何が治るとか薬屋のような看板は上げておりません。ご利益というのはただそれだけのものです。

しかし大和之宮の場合、現世利益は求めていませんが、結果的に授かってしまいます。

ご利益という一時のものではなく、御加護という素晴らしいご協力を授かるからです。

さきほど現世利益をうたう宗教を「薬屋の看板」と申しましたが、困ったときの神頼みという言葉もありますから、神縁のとっかかりは困り事からでもいっこうに構わないと思います。しかし治った途端に足を運ばないというのは如何なものでしょうか。そんなことをすると、この時点でぴたりと神様のお働きが止まってしまうのです。困り事は神様がご縁を結ばせるために御計りになる場合も多いのですから、これを機会に信仰を続けるのが神様の御心に叶った生き方なのです。

昔から信仰心が篤《あつ》いのは美徳とされていて、神仏に手を合わせる人は周りの人のことも大切にする素晴らしい人だというのが通説でした。両親を神様と同じく尊敬し、お天道様に恥ずかしくないように身を慎み、勤勉勤労を旨として生きるのが信仰を持つ人の姿でした。

ところが最近では、神様行事に参加しているだけで大威張りになり、家庭すら顧みないエセ信者が増えてきました。これが団体宗教の弊害です。大神様は「十の罪」の中で「心の乱れに乗じ悪霊の住居なりしは金権ばかりを目的とする　神仏にあやかりあやまちの数々を現はす　宗教の乱れの根源は団体なり」と、営利目的の団体宗教を厳しく糾弾なさっていらっしゃいます。

団体宗教は人を集めなければなりませんから、物凄い勢いで布教活動をしなければなりません。「なりません」「なりません」の挙げ句に脱会しようとすれば、「ろくなことが起こらない」と脅されて、やめることも「なりません」。

大神様がお好きなのは「集める」ではなく「集まる」です。同じ志を持った人々が集まるのはとても意味のある現象なのですが、無理矢理集めるのではそこに無理が生じ、引いては人に平気で迷惑をかけたり、神様狂いとなって家庭崩壊までつっこんでしまうのです。

第七章　祈る

生きている神様に祈る

神社神道の方々は確かに御神霊はおいでになると思っていらっしゃるようですが、ご自身は御神霊を信じていないように見受けられる場合がままあります。

例えば神様に朝御飯を差し上げること——これは正しくは献饌《けんせん》の儀と言います——それをやっていない所もあります。

また神前にてお辞儀をする場合、それは生きて対面している人にお辞儀をするのと同様に、真心を込めてしなければならないのですが、単なる儀礼としてやっているようです。形だけは整えはするが、真心が籠もっていないのは残念です。

しかし私ども大和之宮では、「常におわします」の心で神様にお仕えしております。私は大神様より「目の前に鳥居があると思えや」と言われていますから、貴い方が目の前においでになるかのように、常にピシッと居住まいを正して生活しております。

高野山では弘法大師空海、つまりお大師様が今なお生きておいでになるものとして毎食を差し上げ、御身のお手入れやお世話などをしていらっしゃいますが、あれが正しい形です。

私は神様のお声を聞き、お姿を拝見させていただき、その御存在を感じさせていただく能力を授かっておりますが、皆さんも神様をリアルに実感することは容易なことです。それは風です。神様がおいでになることは風が吹いて知らしめ、もうひとつは鳥が鳴いて教えてくれます。

私がお伊勢様に詣でると、一歩鳥居をくぐった途端に鶏が大きな声でコケコッコーと鳴いてくれます。神様のお使いをする鳥は鶏の他に烏《からす》がいます。烏は「魔を枯らす」存在で、霊的には一番わかる存在です。

出羽三山の開山は崇峻《すしゅん》天皇の王子である蜂子皇子《はちこのみこ》様であると言われています。蜂子皇子様は丹後の由比ヶ浜を発って、山形の八乙女浦にある由良にお着きになったのですが、そのとき皇子を羽黒山へとお導きしたのが三本カラス、つまり八咫烏《やたがらす》だったのです。羽黒山の羽黒とは羽根が黒い鳥、つまり烏のことです。私は羽黒三山のひとつ湯殿の神様から御加護をいただいていますから、どこへ行っても最初に烏が鳴きます。

烏にはお知らせ烏と案内烏がいて、何かお知らせがあるときは大和之宮のアンテナの所に止まり、カーカーと鳴いて知らせてくれます。烏がそのように鳴いた日は「はいわかりました。慎んでお知らせをお聞き申し上げます」と、神前に向かうわけです。

また案内烏はまるで伝令のように「今、天恵たちが着きました」と大神様に報告をしてくれます。すると風が吹き始めます。ですから私と参拝をすると、初めての人はショックでひっくり返るほど驚きます。「本当に神様はおいでになるんだ」ということをまざまざと体験して、神様を体感していただいています。

ひとつの例をお話ししましょう。

大和之宮はお陰さまで伊勢神宮の深夜参拝をお許しいただいております。真夜中の十二時、私たちは伊勢内宮にある荒祭《あらまつり》の宮の石畳の上で正座をし、お祈りの後で黙想をしながら神様の御出現を待っていました。

私には大神様がおいでになったことがわかりますから、「大神様がお出ましになりました」と信徒さんに厳《おごそ》かに告げました。するとザックザックという力強い足音がするのです。初めての人は見回りの人の足音だと思うようです。その足音に引き続き、今度はギギギーッと扉が開く音がします。その音も、知らない人は鳥の鳴き声に聞こえるようです。

皆は黙想中ですから目を閉じていますが、総務長は一人目を開けていますから足音から扉が開く音までのすべてを見ておりました。足音とともに信徒全体を真っ白な雲が包み、御扉《みとびら》の中に直径十五センチくらいのエメラルドグリーンの玉が光り輝いたと総務長は言っております。

こういう体験をしておりますから、大和之宮の人間は全員がハハーッと心から神様に平

2002年1月15日、大和之宮のどんと祭での不思議現象。炎が宮主（著者）の形になった。宮主は左側を向き、口から言霊を吐いている。

伏できるのです。これが「生きている神様」ということです。神様って本当にいるのかしらなどというものではなく、現に「おわします」。これが大和之宮が神様に向かうときの姿勢です。

しかしザックザックにしろギギギーにしろ、その音があまりにもリアルなので、初めての人はかえって信じられないようです。どうしてもガードマンの足音だ、鳥の鳴き声だと言い張る人たちに私は「あそこは玉砂利ではなくて大きな石でしょ？　その上を歩いてザックザックなんて音がしますか？」と言い、さらに「鳥は夜中には鳴かないものですよね？」とここまで言うと、初めてそういう人たちは全員総毛立てて驚くのです。

神様が生きて存在してくださるのは家の中でも同じことです。常におわしまして私たちに御加護を下さり、そして見そわしていらっしゃるのです。

一般の神社では「聞こし召して」とおっしゃるのですが、大和之宮では「見そわし聞こし召して」と申し上げています。これは「ご覧になってからお聞きください」という意味で、神様を現実の存在として認めていればこその宣り上げです。

神主さんは宣り上げたらそのままご退出なさるので、神社の宣り上げは一方通行です。しかし大和之宮では宣り上げた言葉に対して、神様が祝詞で返してくださいます。これを「返し祝詞」と言うのですが、こうして御神示を受けますから双方通行となるわけです。返し祝詞は五七五七七の和歌の形で返ってきます。生きている神様だからこそお返しが来るのであって、死んでいる神様からは何も来ません。

真心で祈る

祀るとは「神棚を祀る」のように、神として崇《あが》め、一定の場所に鎮め奉ることです。そして神霊を慰め祈願することであり、また祈祷することでもあります。「祀」は字の如く「己」を「示」すことに他なりません。己を示すことで今度は神様が「示」して「申」してくださるわけです。これが神様です。ですから、だらしないお参りをすればお返しは望めません。しかし神様はたとえ職業的で儀礼的な祝詞であっても、聞いていらっしゃらないわけではありません。

M神宮に参拝に行ったときのことです。ちょうど七五三のシーズンで神宮は大賑わいでした。私どもが参りますと神様は「今わしはこの子等のために宣り上げていることを聞くために、この子等の前に居るで、そなたはしばし待てや」とおっしゃるのです。そして「烏に合図させるでのォ」と付け加えられました。ふと見上げると神殿の屋根の上に確かに烏が二羽止まっていました。

このとき私は信徒さんの他に、神様が全然わからない人と神様がわかるふりをしている人とご一緒でした。私は、「今、大神様は子供たちのための御祈願をお聞きになっていらっしゃいます。烏が鳴いて合図をくれますから、それまではしばらくお待ちになってくださ い」と皆さんに申し上げました。私の信徒さんは信じ切っていますから「はい」と返事をしたのですが、生き神様のふりをしている人からは(……まァ安食先生たら馬鹿なことを言ってる、烏が合図するなんて寝言語ってまァ……)という心の中の声が聞こえてしまうのでした。一般の人の反応はこうしたものです。

ところがしばらくすると、屋根の上の烏が一羽突然私のほうに飛んできて、大きく羽根を広げて「カアー」と一声鳴くのです。合図ですから一声です。そこで私は「はい、お待ちどお様」と言って平然と祈祷を始めたところ、小春日和の日にもかかわらず一陣の風がさーっと通り抜けたのです。自称「生き神様」とその信者さんたちは、全身に鳥肌を立て、唖然として私たちを見ていました。

このように神様は忙しさで作業的に上げられる祝詞も、あるいは下手な祝詞でも、きちんと聞いてくださっています。ところがいくら神様が聞いてくださっても宣り上げる側の受信機が悪いと、お返しを下さっているにもかかわらず受け取ることができないのです。

受信機を良くする方法はもちろんあります。まず第一に謙虚になることです。神様に向

郵 便 は が き

恐縮ですが
切手を貼っ
てお出しく
ださい

160-0004

東京都新宿区
四谷4－28－20－702

(株) たま出版

ご愛読者カード係行

書 名			
お買上 書店名	都道府県　　市区郡　　書店		
ふりがな お名前		明治 大正 昭和　年生　歳	
ふりがな ご住所	□□□-□□□□	性別 男・女	
お電話 番 号	(ブックサービスの際、必要)	ご職業	

お買い求めの動機

1. 書店店頭で見て　2. 小社の目録を見て　3. 人にすすめられて
4. 新聞広告、雑誌記事、書評を見て(新聞、雑誌名　　　　)

上の質問に 1. と答えられた方の直接的な動機

1. タイトルにひかれた　2. 著者　3. 目次　4. カバーデザイン　5. 帯　6. その他

ご講読新聞　　新聞	ご講読雑誌	

たま出版の本をお買い求めいただきありがとうございます。この愛読者カードは今後の小社出版の企画およびイベント等の資料として役立たせていただきます。

本書についてのご意見、ご感想をお聞かせ下さい。 ① 内容について   ② カバー、タイトル、編集について
今後、出版する上でとりあげてほしいテーマを挙げて下さい。
最近読んでおもしろかった本をお聞かせ下さい。
小社の図書目録やHPのご案内（無料）　　希望する　　希望しない
お客様の研究成果やお考えを出版してみたいというお気持ちはありますか。 ある　　ない　　内容・テーマ（　　　　　　　　）
「ある」場合、小社の担当者から出版のご案内が必要ですか。 希望する　　希望しない

ご協力ありがとうございました。

〈ブックサービスのご案内〉

小社では、書籍の直接販売を料金着払いの宅急便サービスにて承っております。ご購入希望がございましたら下の欄に書名と冊数をお書きの上ご返送下さい。（送料１回380円）

ご注文書名	冊数	ご注文書名	冊数
	冊		冊
	冊		冊

かうのは謙虚になって平伏するところから始まります。神主さんのお辞儀は驚くほど深く、平伏するときは額も体も床にすりつけるようになさっていますが、あれが基本です。これが、「私はあなた様のおっしゃることを何でも聞きますから、どうぞ教えてください」という意識の表明になります。この態度がまさに神様に向かう姿勢です。

次に大切なことは、神様は「きれい」がお好きですから、自分を徹底的にきれいにすることです。これが神職の世界で言う禊祓《みそぎはら》いです。家の中でお参りするときでも、まず顔と手を洗い、口をすすぐぐらいのことは最低でもしなくてはなりません。パジャマのままで祈るなど言語道断で、そんな横着なことでは神様に通じるわけがありません。

身を浄めて謙虚さをお見せしたら次に必要なのは反省です。反省して自分の罪穢れを許していただかなくてはなりません。「今まで神棚を汚くしていてごめんなさい」であるとか、「今日はこんなことを言ってしまいました、ごめんなさい」であるとか、気づいたことから反省していきます。すると禊祓いによって外側がきれいになるだけではなく、今度は反省という行為によって内側もきれいになっていくのです。以上で受信機の掃除が終わります。

神に通じる祈りと神からのおしるし

お祈りするということは、自分の心の中を宣り上げることです。

神社へ行ったらまず住所と名前を申し上げます。それを声を出して言わなくては神様はどこの誰だかわかりません。きっちりお参りするときには住所と名前の次に、何の目的でお参りに来たかもきちんと申し述べます。そして今日参拝に来させてもらったことを必ずここで感謝します。

次いで平穏無事など自分の感謝や諸々の感謝をいっぱい申し上げ、その上で「どうぞ御加護を風にてお示しください」とおしるしをお願いします。それから祈りに入るのですが、「大祓《おおはらい》の詞《ことば》」をご存知の方はここでお上げください。お風がビュンビュン吹いてくることに驚かれるはずです。ご存知ない方は「六根清浄《ろっこんしょうじょう》」を繰り返し唱えてください。要するに自分の罪穢れをお許しくださいという旨《むね》を申し上げればいいわけです。大祓は自分自身もお掃除する祝詞ですから、これを唱えて心身をきれいにすると、神様の御稜威をいただく受信機は光を放ち始めるのです。

神様に確実に通じると、今まで曇っていた空から急に太陽が現れて輝いたり、それまで静寂を保っていた神社の森の中でにわかに鳥が鳴き出したりします。鳥が鳴くのは物事が

「成る」に通じます。鳥は空を飛ぶものですから天に近いのです。

ましてや羽根などが落ちてきたら大喜びをしなくてはなりません。天から落ちてきたのですから、神様から御使命をいただける前触れなのです。神様からの御使命は賜り物を意味しますから、平たく言えば神の御用を務めることによってお駄賃が頂だいできるのです。

神様の存在は風によって示されることは繰り返し述べていますが、このように数々のおしるしがもたらされる中での最高のお証《あか》しは、晴天にあってごく僅かな雨がパラパラと降ることです。顔に二、三滴あたるかどうかの雨が降れば、大きなものを「与えましたよ」という啓示になります。これが本当の雨のみいつ＝天の御稜威です。御稜威は水の力で表現されるのです。

以上のように神殿に祈ったら、最後に御神木にお参りしてください。神様が一番お宿りになるのは生きている木です。御神木にお参りすると神様のエネルギー、つまり生命力がいただけるのですが、多くの方は柏手をポンポンと叩いて神殿に額ずくだけで終わってしまうので、力が弱いのです。

「神様、今日はお参りさせていただいてありがとうございます。神様のお力を生命力にしてお与えください」と申し上げ、御神木に両手をかざして深呼吸します。このようにしますと生命力、つまり若さがいただけますから年を取りません。御神木に手をかざしていると、また風が吹いてきます。この風は神様がお宿りになった表れです。

生きた木にはこのようなお力があるので、各宮司さんには心して皆さんにご指導いただきたいことがあります。それは御榊の作法です。御榊は一本だけ奉るのが正しいやり方です。玉串奉奠《ほうてん》の時も御榊は一本。自分の魂は一つだからです。玉串とは魂を串にさすことです。地鎮祭の時も神籬《ひもろぎ》は一本でします。神様が宿るのは一本だからです。

このように神主さんご自身は正式にいつも一本でやっていらっしゃるのに、信徒さんの神棚にはなぜか束になった御榊が上がっています。これでは神様の宿りようがないので何にもなりません。一本だからこそ家の気（＝木）が枯れたことに気がついてすぐに取り替えることもできますが、束になっていてはそのお知らせも読み取ることができません。

以上のように神に通じる祈りをすれば、必ず神様は何らかのおしるしを与えてくださるものです。祈りは決して一方通行ではなく双方向で通い合うものであり、理想は神様と相思相愛の仲になることです。片思いは自らのアンテナが悪いからです。元々祈りに上げる言葉は祝詞と言って祝福する言葉ですから、「神様の御開運を心よりお祈り申し上げます」と唱えるのが基本です。自分のことばかりを先走っていては片思いで終わってしまうのです。

反省という祈り

反省というと謝ることだと思っている人もいますが、ただ「ごめんなさい」だけが反省ではありません。「すみません」も済んでいないことですからいけません。反省の第一段階は自分が悪かったことを認めることです。口先だけのその場逃れではなく、本当に自分が悪かったことを認めなければなりません。

認めたら次には、なぜこうなったかを省みます。「こうしなかったらこんな風にはならなかった」とか「あ、こうしたからこうなったんだ」と、原因があって結果が出たことを認めるのです。そして次にすることは、どうすれば同じ過ちをしないかに気づくことです。以上のプロセスをひとつひとつ踏まえると失敗は成功のもとになり、同時に自分が築かれていきます。「気づく」は「築く」に通じるからです。

大神様に反省を申し上げるときもここまで言うのです。「今日はこうこうこういうわけで申し訳ございませんでした。今後はこういうふうに致しますからどうぞお許しください」。反省を申し上げるときはこのように申し上げてはじめて聞き届けられます。

同じことを繰り返さないようにするのが反省です。私は一日を終えて帰宅したとき「あっ今日の段取りの悪さはこれが原因だった」などと気づいたら、すぐに反省の祈りにかかります。どんなに疲れていても気づいたときが祈るとき、修正はその場でしなければいけません。それが過ちを二度と繰り返さないための最高の方法です。

気づきと反省がなされると希望と喜びが返ってきます。ここでも神様との双方向の関係が生じます。そしてここまでもってくると、自分を失敗に追い込んだ人にまで感謝できるようになります。その人は気づきの機会を与えてくれた人だからです。

大神様の教えの凄さは偉大なる自己主義にあります。それは西洋のような利己主義的な自己主義ではなく、「人を責めずに己を責めよ、全ての責任は己がとれ」の自己主義です。己、己に戻ってくれれば争いにはなりません。神様は何よりも「和」がお好きなのです。

私は職員にもアドバイスはしますが、叱ることはありません。全ては私自身の気づきだからです。

以前私どもの所にいた会計係は、いつも「これだけしかない、足りない」と財政の苦しさを嘆いてばかりいました。そうやって嘆いてばかりいると、お金は本当に「これだけしかない」程度にしか保持できないので、回すのがやっとの状態が続いてしまいます。

そこで私の反省と気づきが出てきました。(ああ、お金という最も大切なものを扱わせる人を私は自分で面接もせずに雇っていたんだ……)。これは最高責任者である私の責任です。

次に私は、どうしてこの人はこんなことばかり言うのだろうと考えてみました。原因は執着心でした。なまじ職員だから、お金に対しての執着心が湧いたのです。私は大和之宮に入ってくるお金はすべて神様のものだと思っていますから、何の執着心も起こりません。しかし一般の人はお金は人間のものだと思っているので、経費などがどんどん出ていくと「ああ……」という嘆きが出てくるのです。

そこで私はその人がお辞めになった後には、派遣社員の方に来ていただくことにしました。所属していなければ執着心も起こりませんから、愚痴も出ません。私の目論見《もくろみ》は大正解でした。私がお金を動かすように頼んだときも以前の職員でしたら「どうして？　こんな少ししかお金が無いのにそんなに出したら無くなっちゃうよ」と咎《とが》め立てをしていたのですが、派遣社員の人は「ハイ」だけです。

そしてもっと良いことには、「ここに来させてもらって本当に良かった」といつもお礼を言ってくださり、私としても「あなたに来てもらって助かるわ、ありがとう」とお礼を言う。こうして「ありがとう」の応酬をしているうちに、お金のほうもだんだん潤ってくるようになったのです。気づく、反省する、感謝するの流れの結果は、このように必ず喜びの結果として返ってくるものなのです。

感謝という祈り～お願いは借金、感謝は領収書～

全てにおいて感謝できる。これが最高の状態です。しかしこの心境になるには心の中が澄み切っていなければなりません。腹を立てながら感謝など出来るわけはありませんから、心の中にゆとりや余裕が無ければ心は澄んできません。感謝が出来る状態とはすなわち笑顔が出来る状態です。

神様は澄み切っていらっしゃいます。泥の中には顔は映りませんが、こちらが澄んでいれば神様がすぐ映ってきます。映るは移るに通じますから、全部感謝で祈ると神様の思いが移ってきます。これが神様に通じることなのです。

祭壇にある御鏡は「映って移る」の象徴ですから、神社にある御鏡が汚れているのは最低のことです。しかし不思議なことに、私が参拝して廻った神社はみんな御鏡がきれいになってくるのです。

御鏡どころか建物まできれいになり、次に行ったときにはそれまで無かった鳥居まで建てられていたり、御鏡が置かれるようになったりしているのです。

私が神様を起こしに行くと、目覚めた神様が神主様をお動かしになり、神主様は氏子さんを動かして神社がきれいになっていきます。感謝の心はここまで事態を動かす力があるのです。感謝の心は祝詞以外のなにものでもありません。

普通は三年はかかるようなことでも、大和之宮でしたら三日で成就するということが多々あるのです。神様は悠長な御存在ではなく即決だからです。神様は今、今を生きていらっしゃいますから「また今度ね」はありえません。これが本物です。

正しく祈れば必ずお陰はいただけます。だからこそお願いはしないのです。信じ切っているはずなのに、さらにその上お願いするというのもおかしな話です。お願いしないでいただけることを感謝すれば良いのです。そうすれば願いは叶います。

多くの人はお願いをするようですが、お願いすれば神社に借金をすることになります。神様が銀行だとすればお願いに行くことは借金を作ることになります。しかし私どもの場合は「ありがとうございます」と申し上げに行くだけですから、領収書を発行するようなものです。「金運財運しっかりどっさり着実に確実に授かりました。ありがとうございます」というのが、お金の財を望むときの祈りの言葉なのです。

お金の財を望むと言うと、ある種の信仰家の方々は眉をひそめられるかもしれませんが、それは間違っています。神様は富そのものだからです。神様に手を合わせていたら貧乏になったのでは、その信仰は間違っています。神様はその人の器に応じたものは必ずお与えくださるものです。

「欲」と一口に切り捨てて闇雲な禁欲主義に走る人がいますが、欲は「谷」が「欠」けると書きますから、心が貧しければ欲になるのであって、心が円満なら黙っていても円は満つるわけです。

神様は福々しいのが大好きで、その証拠が大黒様です。大黒様はニコニコ円満で御宝をどっさり携えていらっしゃいます。変な禁欲主義は逆に甘えです。「私は貧乏でもこれだけ生きているのよ」と甘えているのです。そこには生活に対する努力が見られません。

信仰の中で学んでいただきたいのは生活力です。ですから大和之宮には「名もなく貧しく……」なんて人は一人もいません。感謝と祈りの生活を送っているうちに、みなさん円満に福々しくなっておいでなのです。

大切なのはお金の使い方です。お金には生き金と死に金があります。代々にわたって政治家を輩出しているある御大家の奥様は、ここぞという時には何億でも惜しみなく出されるのですが、十円安い牛乳を買うために遠くのスーパーまで出かけられるそうです。たかが十円と普通の人は思うのでしょうが、生き金を使える人は、たとえ十円たりともおろそかにしないものです。

お金は生き物です。ですからお金も感謝して使わなければなりません。使うときに一言声をかけるのとかけないのとでは、結果的に大きな違いが出てきます。「お金さん使わせてもらってありがとう、お友達をいっぱい連れて帰ってきてね」と念じて生き金を使う。笑い話のようですが、これが秘訣です。

祈りは感謝から始めるのが本当です。感謝がいかに大切かを、文字通り身をもって教えていただいた経験をお話しします。

講演旅行に行ったときのことです。お昼の一時半から講演をしなくてはならないのに、どうしたことか声が出ません。大神様に助けを求めますと「目に浮かぶ全ての人にありがとうを唱えよ」とのことでした。私は父、母、二人の妹、主人、おじいちゃん……と思い浮かべては必死で「ありがとう」と唱えました。するとどうでしょう、お昼前になって急に声が出始めたのです。

私はこの件で、神様は「ありがとう」という言霊にいかに思いを託しておいでになるかを体感しました。声が出るのもお通じが出るのも当たり前のこととして暮らしていますが、何か一つ滞《とどこお》ったときには只事ではなくなるのです。

神様に思いを通わせたいときほど「ありがとう」を重ねてください。命をありがとう、そして難が来たときほど「ありがとうございます」です。

疑いながらも祈れ

東京の芝大神宮で講演会をさせていただいたとき、私は初めての東京の方々に何をお話ししようかと思いを巡らし、大和之宮の大黒様の御みくじを引いてみました。この御みくじはその場その場に必要な御言葉をいただけると大評判ですから、宮主である私も何かのおりには必ずこの御みくじを引いています。「拝め拝め疑いながらもまず拝め。目には見えずとも電波の如く差し込んでくる」というのがその時のお答えでした。

神様は私たちにいつも手を差し伸べていらっしゃいますが、祈るという形でこちらも手を差し出さなければ神様の御手に掴《つか》まることは出来ません。私は東京の講演会で「祈る」というテーマでお話しさせていただきました。

祈るときは神殿に額ずきます。こうして神様の前に立つことで神様から見ていただけるのです。すると神様との距離が近づきます。年に一回初詣だけをする人がお賽銭を投げてよこして「商売繁盛、家内安全、心願成就……」と言っても、神様は「どこの誰じゃ」と思われるだけです。

毎日通えば目に見えない神様との距離がますます近づきますから、五年で成就すれば良いと思っていたことでも願い事が近づくようになります。つまり早く叶うのです。その原理を表したのがお百度参りです。お百度参りは昔から行われているものですが、神様にお参りして戻り、また神様の所へ行って拝むという繰り返しの行為をするものです。この繰り返しにより神様との距離が縮まるのですが、これも一日だけではいけません。十月十日と言いますから、最低でも十日は重ねていただきたいものです。このように「行」はすべからく続行が大切です。行とは続けるという意味なのです。

お願い事があるならば通い続けることに尽きるのですが、これは子供のおねだりと同じことです。子供が「ねェ買ってェ」と言って来たらまず最初は「いけません」です。しかし「ねェお願いお母さん」と連日言われ、「お願い、お願い」を繰り返されるとお母さんは根負けして子供のおねだりを叶えてあげます。これと同じです。

神様に繰り返し通うことを「御神縁《ごしんえん》の糸を太くする」と言います。太くなれば切れなくなり、もっと太くなればパイプのようになって、思いは神に筒抜けになります。ですから神様には通うのです。疑おうと半信半疑だろうと通うのです。神様はちゃんとご覧になっていらっしゃいます。

第八章　生活こそ行

滝行や山行だけが行ではない

神様は毎日拝むことによって力が上がってきます。だから神社は無休なのです。

毎日繰り返すことが行であるという観点から見ると、生活は様々な繰り返しですから、生活自体が行であると言えます。食事、排便、掃除、洗濯、睡眠と、人間は飽かず繰り返し同じことをやっています。

毎日続ける生活の場をきれいに整えることにより、神様も大きくなり、同時に自分の魂も大きくなります。目に見えないものが太っていくわけです。「新聞紙一枚は軽い。しかし束になったときは重い。積み重ねたその厚みが魂の厚みである」と私は大神様から教えていただいています。

魂の厚みはオーラと呼ばれる霊の衣の厚みでもあります。

霊の衣が薄いと例えば事故に遭ったときなどまともに怪我をするのですが、厚いとウレタンをまとっているのと同じで、免《まぬが》れてしまうのです。事故のみならず、霊の衣が厚いとすべての危険が避けられるわけです。

神様は安心であり安全です。私たちは安心安全を求めて修業しているわけですから、重ねていけば何の憂いもない明るい毎日が送れるのです。

清潔は信仰に通じる

魂を磨きたい、魂に力をつけたい、そして神様に自らの祈りを通じさせたいと思う人は、神社へ行くときに箒《ほうき》と鎌と塵《ちり》取りとゴミ袋を持って行くことです。

私はこれを実践してきました。神様は掃除をしてくれるのが一番好きだからです。清潔は信仰に通じます。大和之宮は清潔そのものです。

大祭の前は私が箒を持って掃除をします。「心の糧は自らが、人の世は自らが」と天照坐皇大御神様の御神示にあります通り、私自らが掃き清めているのです。

その掃除する姿を他の誰でもない神様がご覧になっていらっしゃる。そのことを胸に大きく受け止めてください。

神社を掃き清める姿を愛でられ言祝《ことほ》がれた神様は、その姿を「高砂」としてお示し下さっています。「高砂やこの浦舟に帆を上げて」の詞で有名なこの能楽は、和歌の徳と夫婦愛、長寿の喜びと国の永続を祝うもので、正式な祝福の能とされています。このような徳をもたらす基本が掃除という行為です。

神社を掃除して掻き集めたゴミはゴミではなく御褒美になりますから、持ち帰って自宅で始末してください。どこの神社でも掃除はさせていただけます。私は山形で箒と鎌を持参して二百十カ所を廻りました。

では次に、家の中のどこをきれいにすればよいか、それぞれにどんな意味があるのかをお話ししましょう。これにもちゃんとした順番があります。

まずは便所掃除

まず最初にするのは御手洗いです。

大和之宮では「十月十日の行」というものがあり、この行でいの一番にするのがお手洗いの掃除です。お手洗いは魂を生み出す場所をさらけ出す所でもあり、さらには完全個室だからです。

私は御神示をお手洗いで受けるときが圧倒的に多いですから、お手洗いには本当の用足しと御用達《ごようたし》の二つの機能があるのです。また、昔からお手洗いを掃除するときれいな赤ちゃんが生まれると言いますが、その通りです。

大和之宮では目隠しして便所掃除をさせます。どうして目隠しなのか考えてみてください。昔のお便所は暗かったことを思えば答えは出てきます。お便所は胎内だからです。胎内は暗い。結局お手洗いは神様との対話の場所であるわけです。昔の人はそれを知っていたのです。今の人間が羞恥心を無くしたのは明るいお手洗いに入るようになってからです。きれいなお便所になったのは嬉しいことですが、羞恥心を無くして恥ずかしいという心を失ったから日本人に品性が無くなったのです。

履物をそろえると「夢がそろう」

さてその次は玄関です。玄関は良いものも悪いものも真っ先に入る場所です。ですから玄関は常にきれいにしておかなければなりません。

特に靴はあまり多く置かないことが肝心です。靴は汚い物を最初に踏むものです。靴がいっぱいあると、それだけ汚い物を踏んできた跡があることになってしまいます。また、靴がたくさんあるほど玄関は乱雑になります。きちんとそろえておかないと神様は物事をそろえてはくれません。

私は家族全員の靴を一ヵ月間磨きました。それが「行」だったからです。これは足下《あしもと》を見よという教えです。この「靴磨きの行」で私は、靴を見ただけで今日子供はどこへ行ってきたのか、あるいはどんなことをしてきたのかが全部わかるようになってしまいました。

行の最中私は「主人の靴さんありがとう」「ばあちゃんの靴さんありがとう」と毎日毎日感謝の言葉を口に出して磨き上げていました。

このような独特の行は御神示でいただきます。「早朝の太陽を拝めや」とか「真夜中の十二時に拝めや」など、その人その人に必要な行の型が示されるわけです。至らない所などがズバリと指摘されますから、御神示をいただかれた信徒さんは一応に「見られていたんだ」と痛切に思うようです。これが大和之宮の行です。

食べるとは「人を良くする」こと

さて三番目は台所です。台所は食べ物を作る場所です。食べるという文字を分解すると人を良くするとなります。ちなみに私の名前は安食天恵ですから「安心して人を良くする天の恵み」です。

食べるという行為はこのように「人を良くする」という本来的な意味を持っていますから、手抜き料理ではお話になりません。大神様は私に「ジューとチンはいけない」と常におっしゃっておられます。ジューとは焼肉に代表される料理。フライパンでチャッチャッチャーと作る料理もこれに入ります。チンとは電子レンジで安易に作った料理のことです。お料理は「コトコト・クツクツ・じっくり」がその真髄です。

私はお料理が大好きなので、大祭で振る舞うおでんも私が作ります。おでんの中には山形名物の玉コンニャクと玉子を必ず入れるのですが、これは魂も神様である水晶も玉ですから、そのようにしているのです。本当は「自分の殻を打ち破る」ようにと玉子は殻付きにしたいのですが、それでは味がなかなかつきませんから剥《む》き玉子を使っています。

おでん作りも実は大神様からの御指示です。自分で自腹を切って材料を買い求め、自分でコトコト・クツクツ・じっくり煮て皆様にご馳走しなさいと言われているのです。まさに「心の糧は自らが、人の世は自らが」ですから、たとえ宮主であっても自分がやらなければなりません。私は自分の魂を磨くために御神示通りにさせていただいております。

台所は一番ゴミが出やすいところです。台所をせっせと掃除しなくてはならないのは、ゴミを溜めないためです。「ゴミが溜まるほど心の汚れが多い」と神様は言っておられます。ゴミを溜めないためにはまず、ゴミを出さないようにすることが肝心です。私は大根の皮でもゴミにせず、みんな料理に使ってしまいます。

どうしてもある程度のゴミは出てしまいますが、食べ残しとか冷蔵庫の無駄な残り物がゴミとして出るのは、神様が最もお嫌いになることです。

台所のガスレンジをきれいにすると、お財布の中の小銭に苦労しなくなります。レンジは火ですから、いつも懐がポカポカと温かくいられるのです。

お風呂は胎内

次にはお風呂の掃除がきます。

胎児はお母さんのお腹の中では羊水に浸《ひた》っています。お風呂では誰もが裸になって温かな湯に浸《つ》かります。それは裸で羊水に浸る胎児と同じ姿です。お風呂は胎内なのです。ですから人間は、お風呂に入ることによってもう一度胎児に戻り、新しい人間として再生させていただいているのです。

お風呂の霊的な機能は「胎内くぐり」と同一です。この大切な場所が汚くて良いはずはありません。せっかく再生するのに湯垢にまみれた胎内では、清らかに生まれ変わることなどできません。

神様は清潔がお好きですから、清潔なお風呂で清潔にした身で大祓を上げると、抜群の効果が得られます。私は二十年間毎日これを実行していますからご紹介します。

まず私はバケツで受けながらお水を流します。こうすると水の流れを聞きながらできますので、滝行と同じになります。

姿勢は膝をかがめた胎内座りです。この姿勢ですと赤ちゃんそのものになります。湯船に浸かり、この姿勢で合掌しながら大祓を読み上げます。私はお風呂に入れないときはシャワーを浴びながら大祓を上げ、温泉でもどこでも大祓を上げています。ですから祈りはすーっと全部通ってしまいます。

お風呂の中でのお行は本当はロウソク一本だけ灯した暗闇で行うのが最高です。私の瞑想はこのような形で出発しました。

真っ暗な中でお風呂の行をしていますと、やがてその闇の中で光が見えてくるようになります。それがあなた自身の魂です。「魂は光なりき」です。その光をだんだん大きくしていくと、やがて人の形になり、仏様の形になったりしていきます。光の玉を大きくするのは自分自身の行にかかっています。瞑想にも順番があるのです。

ところが世の中にはおかしな人も多く、いきなり何かが見えたと言い出す人がいたりしますが、そんなことはありえません。必ず光の玉から始まります。

魂は太陽の分身です。「太陽から賜ひし霊」がタマシヒつまり魂ですから、魂は真ん丸なのです。以上の理由で、丸い光から見えるのが本当なのです。

寝室は神殿に通じる

お風呂の次は寝室です。寝室を清潔にしているとお金が貯まります。
神様がおいでになる所は神殿です。「同音異字は相通ず」ですから寝は神に通じ、寝室は神殿と同一になります。神様は神殿でお休みになっておられ、私たちが休む場所は寝室です。休んでいるあいだ魂は天に行っていますから、寝室全体は神棚と同じになっています。神棚を浄めるのと同じで、寝室をきれいにするときれいな波動が入ってきます。きれいな波動が入ってくれば想いが通じるようになりますから、安心した生活が生まれてきます。現代で安心した生活を送るということは生活力にかかっていますから、生活力すなわちお金が貯まってくるわけです。大神様は相通じる魂には器に応じたものを必ず与えてくださいます。

では器の大きさとは一体何でしょうか。それは胆《はら》の大きさであり、わかりやすく言えばどれだけ大きく自腹が切れるかということです。これを「自腹の法則」と言います。「入り出口」とは言いません。「出入り口」と言うが如く、まず出さないことには入ってこないのです。息だって吸いっぱなしでは新鮮な空気が入ってきません。まず吐き出して空っぽにすることです。

人にたくさんご飯を食べさせて上げる人ほど、実はたくさん入ってきます。出すことは入る素です。自分の財布を空に出来ない人は神様から入れてもらえません。これが「器」ということです。

空っぽにいかに感謝できるか

今現在お金が無い人は「入る」という証しです。神様は本当にお金を上げようとしている人に対しては、まずその人を裸にするのです。逆に言えば神様は気がついてもらいたいからお金の底をつかせているわけです。

バブル崩壊後、日本全体が不景気で苦しんでいます。この不景気はお賽銭を放り投げて「お金なんか要らない、要らない」という態度で拝んできた結果でもあります。しかしお財布が空っぽになるのは神様からの気づきですから、今度は空っぽにどれだけ感謝できるかが問題になってきます。これはひとつのお試しです。

「これっぽっちしか無い」「ああ足りない」と思っている人は、いつまでたっても駄目です。逆に「お陰さまで今日も空っぽだけど生活はできました」とか「心も安定して暮らせました」と心から感謝をしていれば、神様にその「ありがとう」が届いて、いつの間にかニコニコの状態になるわけです。

貯金通帳を黙ってしまっておいてはいけないと、私はいつも言っています。大和之宮の経営者としての私の唯一の仕事は、貯金通帳に「ありがとう」を言うことです。私は「お取り引きの皆様ありがとう」「信徒の皆様ありがとう」を繰り返しております。

また大和之宮では信徒さんからお上げいただいたお金を「浄財」にしなくてはなりませんから、ぜんぶ幣《ぬさ》をかけてお浄めしております。

お金というものには「想い」が積もります。信徒さんはきれいな想いでお使いでも、お金は回っていますから、どうしても色々な人の想いが積もっているものです。ですから大和之宮へ回ってきたときはお浄めしてきれいにしてしまうのです。神様はいかにきれい好きか分かろうというものです。

掃除という名の行

魂が大きくなって力がついてくると、ゴミがよく見えるようになります。汚いところが気になって仕方がなくなるのです。自分がきれいだからゴミが目につくようになるのです。

このようにゴミが気になるようになると、今まで気づかなかったことまで気が配れるようになります。そして、やがて視野が広がり、視点が変わり、結果的に価値観まで変わってくるようになります。何が大切かがわかるようになるのです。

お掃除の順は先程から述べていますように①御手洗い、②玄関、③台所、④風呂場、⑤寝室、⑥居間の順です。普通の人はお客様の目に付く所から入念にお掃除するのでしょうが、行の観点からすれば、自分がよく使う所から優先的に掃除をしなければなりません。

さて最後に居間ですが、居間は人が一番集まる場所です。一番気が集まる所なので良い気も悪い気も居間に集約されてしまいます。ですから居間をきれいにすることは家中を浄めることにつながるのです。

心がむしゃくしゃしていたり、考えがまとまらないときなどは、心と同様に表からは見えない場所、つまり引き出しの中や押入れの中を整理すると次第に心が納まってきますし、散漫になっていた事柄も整理されてきます。

以上のようにお掃除ひとつとっても、事細かにひとつずつ私は大神様から教えていただきました。「天恵ようここまで来たのう、じゃあ次はこれじゃ」という具合に、誉めて誉めて育てていただいたのです。「美事じゃ美事じゃ、さあ今度はこれじゃのう」と色々な行をさせてもらったのです。

ここに挙げました行の数々は、ほとんどが「生活行」とも呼ぶべき日常の行ですから、ぜひ皆さんもその気になってお始めください。

女性は穢れか

産む（＝有無）という大事業を担《にな》っている女性なのですが、なぜか昔から、罪深いとかあるいは穢れに近いように言われてきました。

産褥《さんじょく》中は神社の鳥居をくぐれなかったり、生理も月の障《さわ》りと称して、その期間は神事から遠ざけられています。たしかに大和之宮でも生理中は御榊の葉六枚を下着にひそませて神事に臨んだりしていますが、生理そのものを穢れとは位置づけていません。大神様からは「聖なるもの」として教わっているからです。

大神様から「伊勢に参れや」との御神示が下るとき、私はなぜか毎回生理になってしまいます。度重なる符合をいぶかしんで大神様にお伺いを立てましたところ、「満月の夜に祈れや」という御神示をいただきました。その「満月の行」のなかで私は「生理とは生きる理である。すなわち天恵にとっては大神様へのご奉仕そのものが生きる理である」と悟らせていただきました。大神様は御膝下《おひざもと》に私を寄せる度に生理を起こさせ、私にとっての「生きる理」を自覚させたのでした。

月経という生理機能が働かなければ子供を産むことは不可能ですから、生理はやはり「聖なるもの」としてとらえるべきです。

平安時代の女流歌人には女行者さんが少なくなく、鳥羽天皇の皇后で崇徳・後白河両天皇の母君であられる待賢門院璋子も、熊野街道を修験僧とともに十数回も踏破しておられます。

恋の歌人として有名な和泉式部もその一人で、彼女の歌の中には熊野の行中に生理になってしまったから、残念だが引き上げるという意味のものが残っています。これには大先達による返歌があって、こちらは「目出度い証しが何の穢れであろうか。神々も命の躍動を喜んでおられる。さあ参られよ」と詠っています。

修業中の男性が行の期間中に生臭《なまぐさ》・四つ足を断つのと同様に、女性も「穢れ」として遠ざけるのですが、これも本当は女性が不浄だからではありません。荒行でせっかく積んだエネルギーやパワー、つまり気を女性が一瞬にして吸い取ってしまうからなのです。これは子宮の力です。

気の移動はまた女から男という逆の場合もあります。生まれながらにして神通力を持った聖少女と呼ばれる人が、男性と交わった途端、「ただの人」になってしまうことがありますが、それが逆の例です。

私の場合、出産という性の営みを抜きにしては有り得ないことで御神仏と通わせていただきましたので、決してマイナス要因にはなっていないようです。不思議なことに私の主人はちっとも年を取りません。これも何らかの良い形で私のパワーが作用しているのだと思います。

大神様は「性は聖なり」とおっしゃられています。性は元々本能と呼ばれる根本欲のひとつですから、不純な欲が入れば不浄となるのであって、性そのものは聖なるものです。根本欲をいかにコントロールするかは、ひとえにその人の修養・行にかかってくるものです。神仕えをする前などには肉断ちなどの断ち物をするのですが、これは根本欲を断つことです。

断ち物をすることは「人様の役に立つ」を意味します。もうひとつは霊的な方々の世界に少しでも近づくという目的があります。霊的な方々の食べ物、いわゆるお供えの類いはとても少量です。仏様のご飯もほんの少しですし、神様に捧げる御洗米も小さな土器《かわらけ》に一杯分です。このように断ち物には根本欲を制御して神仏に近づこうとする意味もあるのです。

お坊さんにしろ行者さんにしろ、行をする人は霊界の人になって、この世の人に幸せを与えるのがお役目ですから、そういった断ち物をするのです。

精進潔斎といいますが、人間はこの世にいるだけで穢れが着いてしまうものです。ふと心をよぎる思いだけでも穢れてしまうので、人と会うことが穢れの始まりになってしまいます。だからこそ、たった一人で籠もり行に入るわけです。

籠もり行はまた、胎内回帰の意味も持っています。魂を磨いて自分で自分がわかるようになるためには何度も生まれ変わらなければなりませんが、籠もり行で胎内に帰ればこの世で輪廻転生ができるわけです。

擬死再生という仏の言葉はそういうことを意味し、眠って朝に目覚めることも、お寺などで胎内くぐりをすることも、自覚を目指した輪廻転生の真似事です。なお、真似るとは学ぶと同源の言葉です。

行住座臥《ぎょうじゅうざが》これことごとく行

生活の中で繰り返し行うことは全てお行であることはすでに述べました。

顔を洗うことは心を洗うことにつながり、歯を磨くことも言葉を洗うことにつながるのです。その他、本を読むことは自分を磨くことになり、洗濯は心が洗われるとともに神様が現れることも示唆します。

「それだったら毎日やってるわ」と安心しないでください。すべてを意識してやってこそ「行」になるのです。行とは意識することです。

口をすすぐことは不浄をよく浄めるのですが、「口は禍《わざわい》の元」という言葉が出来るほどに、口はその放つ言葉によって思わぬ罪を作っているものです。余計なことは言わないようにしよう、考えもなしに浅はかな言葉を吐かないように注意しようなどと、きちんと意識して歯磨きをし続けていますと、口の禍は日に日に少なくなってきます。言葉を洗うことが成果を上げてきたら、次には言葉を磨くことを意識してください。次第に正しい言葉使いや美しい言葉使いとなって、必ず成果は上がってきます。

洗面所に立ったら「おはようございます。今から顔を洗います。同時に心も洗わせていただきます」とか、あるいは「歯を磨きますとともに言葉を磨かせていただきます」と言葉に出してから行うようにするとより効果的です。言葉に出すことによって人間はその気になるものですし、その言霊が目的遂行にちゃんと作用してくれます。意識をして、さらに言葉にした行為は、必ず行の成果として結果が返ってくるものなのです。

第九章　御神仏様から宇宙につながる一本の道

元の元神である湯殿の神様

私が御神縁の端緒を開かせていただいたのは湯殿山の神様でした。通院していた産婦人科の先生が「安産の神様だよ」とくださったのが湯殿山のお守りだったので、臨月のある日「参拝に行かないか」と迎えに来てくれた親戚とともに行くことになったのです。

お山へ着くと叔父が「どうせ登るんだったら歩いていったほうがいいんじゃないか」と言うものですから、私は車を下りて徒歩で参拝登山をすることにしました。運動をすると丈夫な子が授かると言われていたからです。

大きなお腹を抱えた妊婦が山道を登る姿はよほど目立ったようで、行き交う人が皆口々に「おめでとう」と声を掛けてくれるのです。その時はそんなものなんだぐらいにしか考えていなかったのですが、どうも普通のことではなかったようです。

思い返してみますと湯殿山ですれ違った人々はほとんどみな白衣でしたから、信仰をなさる方々は何か見えないものに動かされて私を祝福してくださったのかもしれません。私には出産すると同時に自分も新しく生まれ変わる運命が待ち構えていたのですが、その時点ではもちろん何もわかっていませんでした。

祝福と言えば私がこの世に生を受けたときの祝福も、今考えてみますと普通以上に行われたように思います。

当時私の祖父は町の有力者と言われる立場にありました。私が初孫であることと新築した家に初めて生まれた命であることを喜んだ祖父は、町内中に紅白のお餅を配ってくれたのだそうです。

元々お誕生餅を配る風習はあったのですが、私の時は特注の金蒔絵《まきえ》五段重ねの重箱にぎっしり詰めて配ったというのです。いくら嬉しくてもそこまでする人はその前にも後にもいませんから、祖父も湯殿山の白衣の方々と同じく、目に見えない方から動かされたに違いありません。

湯殿山の御神体は昔から「語らず」とされてきました。一瞬も休むことなく熱湯を噴き出し続けるその巨岩は、赤ちゃんを産み出すそのものの形をしていますから、当然豊饒《ほうじょう》を祈る対象にもなっています。しかし御神体が表しているのは生命活動そのものであり、もっと言えば宇宙全体の命のエネルギーそのものです。つまり「語らず」とされてきた御神体の御正体は実は天之御中主大神であらせられるのです。

私は天之御中主大神の真のお姿は湯気ではないかと思っています。天之御中主大神は天界もこの世も宇宙をも含有する「気」そのものです。気は温まれば湯気になり、冷めても冷気となって漂います。「気」の見える形が湯気であるわけですから、天之御中主大神は「湯気」のお姿で御出現されているわけです。

この世の源は水です。胎内も羊水という水で満たされています。この水にエネルギーが与えられて湯となり、湯に動きが与えられて湯気になります。地球の全ての生命体の誕生は水蒸気の発生にその源があると科学は言っていますが、世界の元々の神が湯気であることはそれと見事に一致しています。

私の霊的な出発はこのように元の元神様とのご縁から始まったのです。

三回の出産ごとに上がった神への階段

昭和五十二年、私が第一子(長男)を出産したときのことです。陣痛が始まってから丸一日が過ぎようとしているのに、出産の兆《きざ》しはいっこうに訪れませんでした。骨盤が全然開かず、「このままでは母子共に危険だから切るしかない」ということになってしまいました。緊急の帝王切開で検査の余裕もなく麻酔を打たれた私は、そのまま仮死状態に陥ってしまいました。

注射を打たれた途端、私の身体はグルグルと左回りに回転し始めました。旋回のあげくに私の目に飛び込んできたのは、何千何万という数の金色の仏像でした。後ろには般若心経の読経が流れていました。

その場所も回転のうちに過ぎ去り、今度は真っ暗なトンネルの中を猛スピードで上がっていくのです。暗闇はいつしかエメラルドグリーンの光に変わり、さらに上昇を続けていた私の身体が急に自由を得ました。

そこはお花畑でした。きれいな音楽が流れるそのお花畑には、両手を広げても足りない程の大きな蓮の花がいっぱいに咲いていました。

まるで羽根が生えたように身が軽くなった私は、ピョーンピョーンと花の上を歩いていました。すると蓮の葉の上に曽祖母がちょこんと座っているではありませんか。懐かしさに傍らへ行くと、その隣になぜか主人までいるのです。「あら、あなたどうしてここにいるのよ」と言おうとした直後のことです。物凄い金色の光に包まれたかと思うと、二階建ての家よりも大きな御釈迦様が現れたのです。私は唖然として見上げていました。

大きな御釈迦様はしわがれた大声で「わしは釈迦じゃ」と私に話しかけられ、続いて私に「そなたに九十歳まで命を与えてやるから千六百人の人を救うことを命ずる」とおっしゃるのです。そのお言葉が終わった途端、また緑の光に包まれ、私は暗いトンネルを抜けてグルグル旋回し続けました……。

覚醒したときには九時間が経過していました。その間には「このまま意識が戻らないようではもう駄目だ」という宣告がなされており、仮死状態の私の手を主人は涙ぐみながら握りしめていました。主人の「助かってくれ」という魂の叫びが御釈迦様に届いたものとみえます。私はこの世に再び戻ってきました。

その後は何事もなく経過したのですが、半年後のある日、突然「恵子ォ、恵子ォ」(注・以前の私の本名です)と私の名を呼ぶ声が聞こえてきました。

「はいッ、何?」と返事をしますと、「誰も呼んでないよ」と家族は言うのです。でも声は「恵子ォ、恵子ォ」と呼び続けています。私は大きな声で「何よッ！」と再び返事をしました。何も聞こえないのに返事をしている私に、主人は「誰も呼んでないってば」と言うのです。

三回目の呼び声の時です。「恵子ォ、恵子ォ」に続いて、「そろそろ仕事に入ろうのォ」と声が言うではありませんか。その時ようやく私は(あっ、あの時の声だ)と思い出しました。

その声は仮死状態の時に遭遇したあの大きな大きな御釈迦様の声と同じ声だったのです(……ああ、これは私にしか聞こえない声なんだ)。

声は引き続き私に「そなたの修業は怒らぬことじゃ」と語りかけてきました。これが始まりでした。

有名な嘘つき少女だった私

私は近所でも有名な「嘘つき少女」だったようです。

四歳ぐらいの頃のこと、私は友達に「パリちゃんが来るよ」と言い触らしていました。「パリちゃんてねェ、青い目の黄色い髪の子が歩いて来るんだよ」などと言っていたのです。私としては青い目の黄色い髪の女の子が「私はパリちゃんていうのよ、今度あなたの所に行くからね」としゃべってくるものですから、聞いた通りに人にしゃべっていただけなのです。

その後しばらく経って親戚の叔父さんが「パリちゃん」をお土産に持ってきてくれたのですが、「パリちゃん来たよッ！」と言う私につられて見に来た友達は「何だ、フランス人形じゃないか」とがっかりしてしまうのでした。

もうひとつ「宇宙人事件」というのもありました。やはり四歳くらいの時のことです。私は最上川の河川敷で友達とかくれんぼをして遊んでいたのですが、そのとき川原の茂みの中に大きなお椀を伏せたような銀色のボールを見つけたのです。その上その周りには三角帽子を被った三十センチ足らずの小人がたくさんいるのです。

「ヒャー面白いものが見れたァ」と嬉しくなった私は、大声で友達を呼び集めました。「見てェ、可愛いでしょォ?」と私は興奮して友達に言ったのですが、友達は「また始まったァ」とウンザリしたように言うだけなのでした。

こういう具合に私は「嘘つき少女」扱いされていて、母も随分悩みながら私を育てたようです。母を困らせたのはそれだけではありませんでした。

私は何でも人にパッパッと物をあげてしまう子供でした。私が育った頃はどんな物も貴重な時代だったのですが、私には有り難いことにお金持ちの叔父がいて「いとうけいこ」と金文字で刻印した鉛筆やら消しゴムやらをどっさりプレゼントしてくれていたのです。文房具もまだ潤沢にあるとは言えない時代に金ピカの名入り鉛筆ですから、皆は欲しくて仕方がありません。私は「けいこちゃん、鉛筆頂だい?」と言われれば「ハイハイ」と二つ返事で気前良く全部あげてしまうのでした。

私が「ご飯食べにおいでよォ」と毎日大勢の友達を連れて帰るのにも、母は手を焼いたようです。ご飯の支度など何もしていないのですが、そんなことはお構いなしに私は友達をご飯に誘っていました。

実家は昔豆腐屋をやっていましたから、皆は揚げたての油揚げを目当てにやってくるのです。こんなふうでしたから、我が家には年中十数人の子供たちが集まっていました、今思えば施《ほどこ》しの練習をしていたのかもしれません。

集まった大勢の友達と遊ぶのはきまって梅の木でした。大きな梅の木に大勢が登って遊んでいるものですから次第に評判になり、「今日は何人木の上サいた」なんてことが人の口に上るまでになっていました。

「その梅の木が登りやすかったから登った」というのが幼い私の理由だったのでしょうが、神事に携わる身として振り返り眺めてみますと、子供の頃の私は梅の木が持つエネルギーをたっぷり吸い取るために、もうひとつは梅の木の六根清浄の作用をしっかり受けるために登らされていたようです。また、私が神事を始動させたのが梅鉢の家門をいただく安食家の人間になってからであることも、無縁ではないと思います。

こんな私を思い切り可愛がってくれたのが、仮死の時に蓮の花畑で会った曽祖母です。曽祖母は私が小学校二年の時に脳溢血で亡くなったのですが、「ばばちゃ！　ばばちゃ！」と夢中で呼びかける私の声で一旦は蘇生し、その一週間後に今度は本当に息を引き取っています。

私可愛さの余りなのでしょうが、曽祖母は自分が死んだら傍《かたわ》らに恵子を寝かせてくれという変わった遺言を残していました。私は亡骸の隣に寝かせられて皆の焼香を受けるという風変わりな体験を覚えています。しかし私の母は「絶対この子はあの世に連れていかれる」と思い、必死に水垢離《みずごり》をとっていました。

曽祖母の死後、私は毎晩ばばちゃの夢を見、毎日墓参りもしていたので、母の不安は一層強まったようです。「仏さん拝め」が母の口癖のようになっていました。

それ以降短大を卒業するまでは平凡に過ごしたのですが、高校の名前が宮内高校、卓球部の練習場が「東北の伊勢」と言われる熊野大社でしたから、その頃も神様とのご縁はほのかに感じられます。

アルバイト先で知り合った主人との結婚式当日、また曽祖母ばばちゃが現れました。式を終えた両親が帰宅すると、仏壇の中にあったものがすべて部屋中に散らばっていたのです。隣の部屋で留守番をしていた従兄弟は音も何もしなかったのにと驚き、両親は全身が総毛立ってしまいました。

皆には黙っていたのですが、結納の日にも車が勝手にUターンするなどおかしなことがあったのです。三姉妹の長女である私を嫁がせてしまったから、きっとばばちゃが怒っているんだと両親は心を痛めたようです。

私と主人は、上山市北町字弁天という所にある鈴美荘というアパートで新婚生活を始めました。「カミの山弁天」です。ところが、ここに入居してから次々に超常現象が起こってしまいました。霊能者になるための準備期間だったようです。

程なく妊娠した私は悪阻《つわり》があんまりひどかったので、山形市城北町にある主人の実家に引っ越しました。実家に入った最初の晩にまた曽祖母が現れ、「恵子、幸せだかァ」と聞くのです。「とっても幸せなんだァ、ばばちゃ」と答えると、ばばちゃはニッコリ笑ってすーっと消えていき、それ以降二度と現れることはありませんでした。今思えば、このばばちゃが見えない世界への案内人だったのです。

御釈迦様のレッスン

強烈な出産体験と霊的誘導を経た後、私は自動車学校の中にある保育室から仕事を頼まれました。しかしたまたま遊びに行った友達のお店で、そこに来ていた印鑑屋さんからも経理の仕事を頼まれてしまいました。

私はまがりなりの経営診断士と簿記が少々出来ましたし、給料もよその二倍近くを提示されたので、私は即座に印鑑屋に決めました。

「そろそろ仕事に入ろうのォ」という御釈迦様の声が聞こえたのはその頃です。それ以降、御釈迦様は私が床に就くとお出ましになり、毎晩いろいろなことを教えてくださいました。

まず最初に教えていただいたのが「運命数」です。「おやすみなさい」と言って私が寝ると授業が始まります。「人間には八十一の運命数があって、1は出発じゃ。八十番目は空虚で終わる。名前の画数が運命数になるんじゃ」というふうに、御釈迦様は延々と教えてくださるわけです。

私が「何でですか」とお尋ねすると、御釈迦様は「姓名は生命なり。姓名判断は生きる命の判断なり。命は運ばれてくるものだから、運命なのじゃ」と、明解にお答えになります。授業ですから質疑応答もあるわけです。不思議なことに習ったことはピタリと頭の中に納まって、翌朝になってもちゃんと覚えているのです。

勤務先は印鑑屋さんですから、朝出社すると次々にお客様が来て相談ごとを始めます。悩みを打ち明けるお客様に応対していると、私に「声」が聞こえてきます。「あなた、お便所をいじったんじゃない?」などと「声」のままに私が言うと、それが全部当たってしまうのです。当然印鑑は飛ぶように売れました。

当時安食家の両親は木工所の仕事の他に、ダンボールの細工を請け負っていました。昔は電気製品の下に緩衝材として穴開きの段ボールを敷いていたのですが、両親はその穴開け加工をしていたのです。無理矢理頼まれた仕事ではありましたが、お引き受けした以上は納期をきちんと守らなければなりません。

私は印鑑屋から帰ると、毎晩義母と向かい合って夜中まで穴開け作業を手伝っていました。世間の人からは我が家は嫁姑の仲が良いとよく言われるのですが、こうして二人で仕事もやってきたからです。私が夜鍋に強くなったのもこの仕事のお陰です。この穴開け作業は結構きつい仕事でしたから、私は毎日仕事から帰る道すがら、（どうぞ今夜はダンボールの仕事がありませんように）と祈るような気持ちでいました。しかし帰宅してみると、段ボールはいつも山のように積んでありました。

夜鍋をしてこなしたこの仕事も、今では発泡スチロールの普及でなくなってしまいました。

印鑑屋さんから信仰の形に

印鑑屋さんをやっていた頃、私の言うことがズバリと当たっていたりアドバイスが着実に成果を上げるものですから、いつしか「あの人には観音様がついている」と評判になり、私は随分有名になってしまいました。

そんな頃、デパートの外商の方が私に木彫りの釈迦如来像を持ってきました。高名な作家が彫った大変立派なものでしたが、そんな高価なものは私には買えません。それなのに何を思ってか外商員はその像に商談済みの赤ボッチをつけるのです。

八十万円の値がついているものですから「そんなお金があるわけないでしょ」と言ったのですが、外商員は諦めずに「わかりました。じゃあいくらでも良いです。いくらなら出せます?」と、とんでもないことを言うのです。

私が「四十万円しか持っていない」と正直に言ったところ、「はい、四十万円で御釈迦様が来ますよ」と簡単に言い、結局その御釈迦様は私の元に来ることになったのです。その御釈迦様の像がいらっしゃる前に、私は大神様から襖《ふすま》大の大きな釈迦像を描かされていましたから、ご安置するときにはその絵を後ろに掛けさせていただきました。

その後、阿弥陀如来様と象牙の観音様もお贈りいただくという運びになり、私はいつのまにか、それらの仏様をお祀りするようになっていました。

ずらりと仏様を並べてお祀りしているものですから、助けてもらった人たちがお礼をしにくるようになり、やがて「信仰」の形が出来上がっていったのです。

御釈迦様直伝の般若心経

私の般若心経の講義はピカイチだとお誉めいただきますが、これは御釈迦様からの直伝だからです。

般若波羅蜜多心経観自在菩薩行深般若波羅蜜多…の部分を私は「観音様が深い行をなされて悟りを開かれました。深い行とは何ぞや」というように講義しております。このような解釈はどの本にも書いてありません。

さらに先の講釈を御釈迦様は「観音の顔を見よ、御仏の顔を見よ。すべて半眼じゃ。これは瞑想を行っておる姿じゃ。よって観音の深い行とは瞑想なり。故にそなたも瞑想いたせ」と教えてくださいました。御釈迦様の講義はこのように格調高く、さらに「瞑想は無から有を生ずるなり。すなわち是れ生命の実相なり」と続けられたのです。

私は教えの最中に「般若心経とは何ですか」と質問しました。御釈迦様は「執着心を捨て去った心じゃ」と端的にお答えになり、さらに「拘《こだ》わらない心、囚《とら》われない心」と付け加えられました。「ゆえに般若心経は中道なり」と結論されるのです。

人間には煩悩があります。人間は未熟ですから、何回人間として生まれ変わっても煩悩からは逃れられません。それをまず認めよ、認めるところから反省が始まると御釈迦様は言われ、そこから感謝が生ずると諄々とお説きになるわけです。

私はまた、「色即是空とありますが、その空とは何ですか」とお尋ねしました。すると御釈迦様はただ一言、「空《そら》だ」。「空は下界から見るとあるが、実際には無い。空《くう》とは空《そら》なり」。この自然界にあるもので不変なものはない。どれほど豊かにあるものでもいつかはなくなり、いつかは壊れる。だから囚われるでない、執着するんじゃないと御釈迦様は般若心経の真髄にあるものを私に教え込んでくださいました。

ごく一部に過ぎませんが、これが御釈迦様と私の授業です。本当に一つ一つきめ細かに教えていただいたのでした。

八正道は逆向きにすれば実践できる

御釈迦様は私たちの生活の道標として八正道を説かれました。八正道とは八種の道を常に守り行うことによって悟りが得られ、理想の境地である涅槃に到達できると説かれた実践徳目です。涅槃という言葉よりも、苦しみを消滅させて願いを成就させるための道筋と言った方がわかりやすいかと思います。

八正道は正見（正しく見る）・正思（正しく思う）・正語（正しく語る）・正業（正しく行う）・正命（正しく生活する）・正精進（正しい努力をする）・正念（正しい思慮をする）・正定（正しい集中・精神統一）の八項目です。

この八正道を精進努力して実践すれば、なるほど素晴らしい人間になり世界も変わってくるでしょうが、とても実践が困難です。第一番目にある正見からしてすでに難しい。物事を正しく見ることが出来たら、もうそれだけで聖人です。そこで御釈迦様は私にこの八正道の正しいとらえ方を易しくご教示くださいました。

まず各項目から説明します。

①正見（正しく見る）

正しく見るとは正しい判断をすることですから、正見とは冷静な目で物事を見られることを目指すものです。

②正思（正しく思う）

相手の心をよく理解し、冷静な態度で相手の心を読み取って正しい判断をすること。

③正語（正しく語る）

正語は一般には正しい言葉と言われていますが、御釈迦様は私に「正しく語ること」と教えてくださいました。会話はキャッチボールと同じですから、口に出した言葉は受け手がいなければ自分の所に跳ね返ってきます。また人の悪口を言った場合も自分に戻ってきてしまいます。怒りのエネルギーで人にものを言ったときも悪のエネルギーとなって自分に逆流してきてしまいますから、御釈迦様は「正しく語りなさい」「冷静な心で語りなさい」と諭《さと》しておられるのです。

④正業（正しく行う）

御釈迦様が正しい行為と定めておられるのは、自分のためではなく人のために行う行為のことです。世のため人のために快く犠牲的な行為をすることこそ正業と説かれているのです。自分は正しいことをしていると思っていても、それが人様のため、あるいは人様から喜ばれる行為でなければ正業とは言えません。

⑤正命（正しく生活する）

これは冷静な行動で落ち着いた生活をしなさいということなのですが、正命とは正しい命と書きますから、正しい生活のためにはまず命への感謝が必要です。この尊い命をお与えいただいたことに感謝し、せっかくいただいた命を無駄にすることなく過ごすというのが正命の真のとらえ方です。

⑥正精進（正しい努力をする）

正しい精進を御釈迦様は正しい精神を持つことと教えてくださいました。「精」も「神」も心という意味ですから、人様から喜ばれるように心がけ、落ち着いた心で一筋の真の道を進むことこそ正しい努力と言えるわけです。

⑦正念（正しい思慮をする）

正念とは正しく念ずることです。「念」とは今の心ですから、今の正しい心の状態を続けていくことが正念です。正しい心とは人様に幸せになってほしいと心から念じる心です。念じる相手はもちろん御神仏様です。そうすれば自ずと心が潤ってきます。

⑧正定（正しい集中・精神統一）

正定は禅定と同じく心を静めて一つのことに集中する心のことです。つまり自分の心をまっすぐに御神仏様に向かわせること、つまり信じることです。御神仏様の存在を信じることは自分を信じることに繋《つな》がります。

以上が八正道の各項目の説明ですが、御釈迦様のダイナミックなところはここからです。正見・正思・正語・正業・正命・正精進・正念・正定の順に並ぶ八正道を、御釈迦様は何と逆向きにたどって進めよとおっしゃるのです。つまり

①信仰心に目覚め（正定）
②神仏に祈りを捧げ（正念）
③自らが信仰の道で精進修養を積み（正精進）
④清く正しく生きる（正命）
⑤人様に喜んでいただけることを心がけ（正業）

⑥人様から助けを求められるようになって、神仏の存在を正しい言葉で語り（正語）
⑦人様から菩薩・聖人と思っていただけるならば（正思）
⑧聖者と認められるようになり（正見）、神仏様に見届けていただいて御加護・御守護をいただく

これが天恵流の八正道になったのです。

宗教から宗道へ

印鑑会社から独立して有限会社光命印章を経営していたのですが、その会社は信仰を中心に据えた「光命之会」へと姿を変えて成長し始めました。それがやがて宗教法人光命之会となり、お宮が出来たときに「大和之宮を名乗れや」という御神示に従い、さらに平成十三年からは同じく御神示に従って宗教法人宗道大和之宮になったのです。

神の道は宇宙の理法であって宗教ではありません。「教え」というものは一方通行です。学校ではわかったわからないにかかわらず学年が進んでいってしまいますが、華道・茶道・書道・柔道など「道」がつくものは必ず実行した結果が形に現れるものです。大和真道も実行することで魂や品性・品格・霊性・霊格・人格などを作っていきます。

神の道は教えてもらうものではなく、自らが実践・実行することにより初めて信仰、そして神向になるのです。私自身も日夜自らが神の道を実行していますが、その結果の形、つまり神向の進み具合といったものは、伊勢神宮特別参拝の折に悟らせていただいております。

特別参拝の時は御垣内《みかきうち》に入らせていただけます。私はその真白き道に立つ位置で行の進み具合を示していただいているわけです。これは「足下を見よ」の意味でもありますが、道は歩くもの、歩くとは動くこと、そして形は動くことで作るものであるという御神示でもあります。教える、教わるは頭だけの話で動きがありませんから、やはり宗教ではなく宗道であらねばなりません。宗道とはアーノルド・トゥインビーの言葉です。

宗教も信仰生活も知らずに真っ白な状態で神の道に入った私には、宗教上の人間の師匠が誰もいません。私は目に見えない御釈迦様に手を取るようにして仕込まれ、次に天照坐皇大御神様が天降られてご指導いただいていますから、師匠というのは全て目に見えない方ばかりです。

何も知らない白紙の状態とは、あたかも母に対する幼子の如しです。

昭和五十六年四月五日、物凄い雷鳴が轟《とどろ》き、落雷と同時に私はまたもや気を失ってしまいました。間も無く玉を転がすような声で「わしは天照坐皇大御神なり伊勢の宮より来たれば受け申すが良い」と厳《おごそ》かに、しかし大変力強く言われたのです。私は即座に「はいっ」と返事をしていました。白紙すなわち一点の曇りもない疑いを知らない素直な心は「はい」しかないのです。

ところが勢い良く「はい」と申し上げたのは良いのですが、それは救世の仕事であり日本人の心を蘇らせるという大変な仕事で、何も知らないからこそお受けできたのでした。それ以降、御釈迦様のお声は徐々に少なくなり、代わって天照坐皇大御神様のお声が多く聞こえるようになりました。こうして私は霊界と仏界のことは御釈迦様、救世の仕事は天照坐皇大御神様からご指導いただいて今日に至っております。

天照坐皇大御神様のお証《あかし》

昭和五十六年四月五日。激しい雷鳴とともに天照坐皇大御神様が御降臨なさいました。しかし私は正直申しますと、この事態が俄《にわか》には信じられませんでした。確信のひとつも持てない中途半端な気持ちで過ごしていた頃、突如耳鳴りが始まってしまいました。

耳鳴りは激しくて夜も昼も鳴り続けるので、私はとうとう眠れなくなりました。お稲荷さんの仕業だと思った私は、騒音の相手に「あなた、お稲荷さんでしょ?」と問いかけてみました。「どうして私にこんな悪さをするのよ」と文句も言ってみました。私は一介の主婦でしたから、天照様のような立派な神様がお付きになるはずはない、私のような者に付くのはお稲荷さんクラスしかないと見当をつけてのことでした。

それから暫《しばら》く経ってからのことです。「天恵よ、そちに証を立てるぞよ。伊勢に参れ、十六人の人を引き連れて伊勢に参れや」というお声が聞こえてきたのです。耳鳴りのひどさは日に増すばかりでしたから、私は思い余って霊能者の所へ出向きました。

「あなたは神様と仏様から好かれる人だなあ」と、その霊能者は私を見て開口一番に言いました。そして「毎日仏壇にお経を上げよ」、「仏様のご飯があるだろう、お経はおかずだ」と教えてくれました。しかし一生懸命般若心経を上げても、耳鳴りは一向に治らないのです。

観念した私は「お声」に従って、十六人の人たちとともに伊勢へ行くことにしました。その時飛行機の中から撮った写真が、前著『いま国と人を救う「大和真道」』の表紙に使った富士山の写真です。あたかも天照坐皇大御神様が二重の輪を背にして立っていらっしゃるごとく、この写真の富士山には大きな二重の輪が写っていました。これは救世の印なのですが、もちろん機上の私にはまだそんなことはわかっていませんでした。

伊勢に到着した私たちが参拝しようとして神殿に近づいたところ、正面の御帳《みとばり》がめくり上がり、なんとピッとそのまま直立してしまったのです。その間五分間。当時の伊勢神宮禰宜の上野先生は構造的にも絶対に有り得ないこととおっしゃるのですが、その光景は十六人全員が目撃した事実なのです。

神様が「十六人を引き連れて」と仰せられたのは、結局証人として立ち会わせるためだったようです。この時の様子は私たち一行だけではなく伊勢神宮の守衛さんたちも見ていましたので、皆さんびっくりして駆け寄って来ました。参拝後、御帳は何事もなくまた元のように収まりました。

これで疑問も不安も払拭された私は、「わかりました。仰せに従います」とあらためて大神様に平伏しました。天照坐皇大御神様はこのように私にお証を立てられたのです。

このことがあった後、最初にいただいたのが祝詞でした。大神様が仰せられることを私が書き留めたのですが、それをまとめたのが大和之宮の「日拝詞」です。したがってこの日拝詞も大神様直伝ということになります。

第二子妊娠で始まった宇宙人とのコンタクト

帝王切開に続く仮死状態という大変な初産を経験した私は、お産が恐ろしくて「もう赤ちゃんはいらない」という気持ちになっていました。五年間は妊娠しなかったのですが、伊勢神宮参拝を終えた直後に二番目の子を授かりました。

妊娠がわかったすぐ後のクリスマスのことです。信徒さんと参拝しているときに突然太陽がグルグル回り出し、参拝していた神殿が七色の虹の光に輝き出したと思う間もなくお釜型の円盤が現れたのです。私たちは突然のことに驚き、感動しながら見つめていたのですが、それ以降どうも四六時中誰かに見張られているような気配がし始めました。

それから一週間ほど経った頃でしょうか。私はその頃大神様のご指示で時間指定のお祈りの行を続けておりました。これは朝六時夕方六時にお祈りする行で、私は朝の六時は外で行っていました。こうした行は寒いとか暑いとか、あるいは雨や風も関係ありません。決められた期間やり通すのです。

夜六時の行の時です。突然あたりがピカピカッと光り、「私は金星人です。あなたのことを一週間かかって調べました。あなたは間違いなく大神様からご指導をいただいている人でした。これからは私が地球のことをお知らせします」という声が聞こえてきたのです。何の疑問も不安も抱かず、私はこの事態を素直に受け取ることにしました。大神様から命ぜられた行も、神格化した宇宙人とコンタクトをとるための霊的条件の整備、つまり私自身の清め祓いだったことがわかりました。

いよいよ産み月が近くなった日の帰り道、ふと見やると田圃《たんぼ》一面に777…と果てしなく「7」の数字が金色に輝いているではありませんか。びっくりして目を見張っていると宇宙人からメッセージが入りました。「あなたの子供は七月七日に生まれます」。

私は777…の現象と宇宙人からのメッセージで七月七日に出産することを確信し、信徒さんたちにも断言していました。数日後定期検診に行きますと医師は「安食さん、七夕に切るべ」と七月七日の出産を決定なさいました。帝王切開をすることは決まっていましたから、お医者さんは胎児の成熟度や私の体調などを診て手術日をお決めになったのですが、その結果がピタリ七月七日だったのです。

出産の後日、私は夢を見ました。夢の中で金星人と出会い、傍らには地球儀のような物がありました。

「あなたはどこから来たんですか」と私が聞くと、彼はそれを指さして「金星から来ました」と答えました。私がさらに「どうして来たのですか」と問うと、「地球が危ないから」と答えてくれました。この夢以来、私と宇宙人の双方向のコンタクトが始まったのです。

昭和五十七年七月七日、私は無事男の子を出産しました。

長男の時と同様に帝王切開による出産でしたから、当然麻酔がかけられました。私はその長い仮死状態の中で、大神様から貴重な教えをいただきました。

教えは魂がこの世に降りる仕組みについてだったのですが、愚かなことに私は麻酔から覚醒すると同時に内容を全て忘れてしまったのです。教えの最後に大神様は「天恵、わかったでしょ」とおっしゃり、私は元気良く「ハイッ」とお答えしたのですが、それ以外は何も覚えていないのです。この愚かさは二年後に大きな痛みとなって思い知らされることになりました。

テレベート様と第三子

私が「妊娠と出産が私の行です」と言うと、人は「そうねェ、苦しいから妊娠・出産は難行苦行よねェ」と言うのですが、そういう意味ではありません。私にとっての妊娠・出産は霊的に一段階上がる印のようなものですから、次なる大きな御存在の受け入れ体制を整える期間でもあり、関所のようなものでもあるのです。

大神様は、悪阻《つわり》の不快感に打ちのめされていては到底果たすことが出来ない課題を私にお与えでした。それをクリアした証が妊娠なのです。事実、出産ごとに私は新たなるお力をいただき、新たなるお出ましもいただいて救世の仕事を進めさせていただいております。日本立て直しの体制作りも出産ごとに盤石となり、一大飛躍させていただいているのです。

しかしこのような「行」の形も、次男出産で終止符が打たれたと私は思っていました。この時の帝王切開で卵巣異常が見つかり、私は片方の卵巣を摘出。これだけでも妊娠率はぐっと下がるのですが、さらに私の身体が三度目の帝王切開には耐えられないという医師の判断で、リングによる避妊処置が施されたのです。これでは百パーセントとは言えないまでも、妊娠はほとんど不可能になります。

次男を出産した翌年の十二月、私は大神様から「北海道の涙観音へ行け」という突然の御神示をいただきました。大神様は「金星人に案内させる」とおっしゃっていました。私はバタバタと用意をして、同行してくださる二人の方とともに北海道に向かいました。

目的地の近くに私の母の従兄弟が住んでいましたから、私は予《あらかじ》め連絡をとって現地での案内を頼んでありました。空港に迎えに来た従兄弟に会った私はびっくりしてしまいました。それまで知らなかったのですが、彼はタクシーの運転手をやっていて、しかもそのタクシー会社の名前が金星タクシーだったのです。

私たちは涙観音様がいらっしゃる定山渓へ行きました。定山渓は札幌近郊にある観光の町です。大神様からは「十一時ちょうどに観音様の御告げを受けよ」と言われていましたが、果たせるかな定刻になると涙観音様が光をお出しになり、伏せられた目を見開かれて御告げが始まりました。

観音様は意外にも「私は阿弥陀如来です」と名乗られ、観音の姿の中に宿っているのだとおっしゃられました。次いで「この世はあと三年である」とか「物凄いことが起こる」など恐ろしい予言をなさるのです。そして「それを食い止めるのはあなただ、頑張ってほしい」と言われ、最後に「あなたに奇跡を授ける」というお言葉で涙観音様の御告げは終わりました。すると辺りに夥《おびただ》しい金粉が舞い始め、普段は人に見られたくないはずのUFOも数機飛来したものですから、同行の二人も案内役の従兄弟も驚くどころではなくショックを受けてしまったようでした。

お役目を果たした私たちは山形に帰るために空港へ向かいました。ふと気がつくと車を運転している従兄弟の目が緑色になっているではありませんか。私は「定山渓に青い目の金星人がいる」と出発前に御神示を受けていましたから、「やっぱりあなたが金星人だったのね」と叫んでしまいました。本人をはじめ皆が大騒ぎしたことは言うまでもありません。金星人は私たちを案内するために母の従兄弟に宿っていたのです。

北海道から戻った一ヵ月後の明けて昭和五十九年の一月十三日、涙観音様がおっしゃった「奇跡」の何たるかがわかりました。私は妊娠していたのです。片卵巣摘出に加え医師によって万全の避妊処置が施してある私が妊娠したのですから、これはもう奇跡と言うしかありません。

身体の変調を訴える私に産婦人科の先生は「間違いだ、間違いだ」を繰り返し、検査の結果、妊娠が確定的とわかったときには「すぐ取ってやっから今度来るときにはご飯食べねぇで来い」と言うのです。普通なら「おめでとうございます」なのでしょうが、何といっても三度目の帝王切開、加えて私のケロイド体質と、医学的見地に立てば医師として出産を勧めるわけにはいかなかったのです。

私は主人にも母にも妊娠の事実を告げました。皆「水子の供養をやれ」と、頭から堕ろすものと決めてかかっていました。無理もありません。今度の出産は命と引き換えになるからです。

正直言って私も迷いました。しかし私はもし神様が私をこの世で必要としないなら天に連れていくでしょうし、必要ならば残してくれるはずと思ったのです。皆は「反対だ」と言いましたが私は神様にお任せしようと思い、産むことを決めたのです。

お腹の子供について大神様から次々とご教示が入るようになりました。男であっても女であっても名前は「稲穂」で、出産はカミナリが合図だと大神様はおっしゃいました。カミナリの知覚的現象が「稲妻」ですから、稲穂とカミナリは対をなすものです。

やがて月が満ち、大神様がおっしゃった通り私は雷鳴が轟く中を手術室に向かいました。無事女児出産。昭和五十九年九月五日、こうして私の三回目の修行がこの日で満行となったわけです。

退院後、私は産後の養生のために実家に戻りました。そこで大事件が起きたのです。私が実家に戻って間もなく、近くの外山という山に謎の光体が現れ、しばらくはUFOマニアなどが大騒ぎをしていました。ところがその光体が球体になって私の実家に飛び込んできたのです。光の玉は実家の中を縦横無尽に走り回り、やがて実家の周りは見物人で黒山の人だかりになってしまいました。

母をはじめ見物の人たちは動き回る光の玉をただ息を飲んで見ていたのですが、私はその間中ずっと「光」と交信していたのです。「光」は「私はテレベートWAです」と名を告げました。テレベートとは地球の危機を知らせる使者という意味で、WAとはその中のトップの位を表す階級名のようなものだそうです。天使の一番上位者という認識が一番言い当てているかもしれません。

テレベート様はまず「自分は百三十三歳で、子供ぐらいの身長です」とご自身の実相を説明され、「地球が危ない」等の様々なメッセージを私にお与えになりました。またテレベート様は「この世は水が汚れているから人々の心も汚れているのです。心が汚れないようにお水の作り方を教えます」と言って、湧水を湧かせる力を授けてくださいました。

このように私がテレベート様と交信をし続けているものですから、私と娘の稲穂が実家のある松山町にいる間は、毎日が奇跡の光ショーでした。大きな光の玉が明滅するように光り、ある時は山中から発光し、またある時は実家全体が光に包まれるのです。連日の光騒動でテレビ局は来るし、見物人が数百人も押しかけてくるしで、それはもうお祭り騒ぎのようになってしまいました。

目に見え、自分の手で触れたものしか「存在」を認められない非科学者と、自分が知っている論理で説明できないものに対しては全て否定の態度をとる科学者・識者たちは、てんでに勝手な論評をし、町役場では調査隊まで結成する始末でした。

松山町を騒がせた光体も、私が嫁ぎ先の山形に戻った途端ピタッと現象が止まってしまいました。そのかわり、それ以降は山形で光るようになり、光は私が九州へ行けば九州で、伊勢へ行けば伊勢で私の呼びかけに応じて交信し、その姿を現してくれるようになったのです。

テレベート様は寝ずの番で私を見守ってくださっているので、いつでもどこでも天空を見上げるとチカチカと存在してくださっています。大和之宮ではたくさんの信徒さんにそのお姿を見ていただいております。都会ではネオンなどの明かりで見えにくいのですが、田舎へ行きますとその光の羅列の美しさに、皆さんが息を飲んで感動しています。

金星人テレベート様との交信をもたらしてくれた第三子の出産ではありますが、大神様は決して私に楽な出産をお許しにはなりませんでした。麻酔の効きが悪く、私は半睡半醒の中で手術を受ける羽目になったのです。

ザクリと腹を切る感触、何よりも痛み。私の意識は絶叫とともに遠のきました。しかし前回までとは異なり今度は痛みを伴っていますから、あの世で繰り広げられることを全部きちんとした意識で見てくることができました。

魂は光の玉

この世的な意識が遠のき霊的意識に目覚めた私は、(あっ、また始まるんだ)と思いました。出産による霊界旅行もこれで三度目ですから、霊界に至る手順ももう飲み込んでいたのですが、今回は同じ道程でありながら霊界がとても近い所に感じられました。上へ上へと昇っていく私は、(…あの世って近いんだ)と思わぬ近さに驚いていました。

すると、「わかったでしょ? だから天恵を女にしたのです」という大神様の御声が響き渡りました。二度目の出産の時、「わかりました」と返事をしておきながら全てを忘れてしまった私に、大神様はもう一度勉強のチャンスをくれたのです。

御声のほうを見ると天照様がおられ、その周りを無数の光の玉がまるで蛍のように浮か

2002年どんと祭で。炎がきれいに馬の形になった。

んでいました。その光の玉を天照様がふわっとおすくいになると、光の玉はたちまち赤ちゃんの形になるのです。天照様の胸元に抱かれた赤ちゃんは「○○家に行くのですよ」と言い聞かされた途端、また光の玉になってすーっとまっすぐ下降していきました。

　幻想的なその場面を私は両目を見開いて見つめていました。人間の魂は元々光の玉なのだ、光の玉が人間になって現世に生まれ落ち、やがて死を迎えて霊界に帰るときには無になってもう一度光の玉に戻るんだ――。

　大神様が教えたかったのはこのことに違いありません。無から有になって、また無になる……。産むとは有無なのだと私は悟りました。

　子供を宿す場所は子宮というお宮です。大神様はそのことを知らしめるために私を女の形でこの世に送り出したのです。子宮はお宮さん。たしかに霊的な目覚めは女性のほうが早いのですが、それは女性が体内にお宮さんを持っているからです。十月十日の妊娠期間も産む（＝有無）の理を体感する大切な行になっています。

　男の人が籠《こ》もり行をなさいますが、あれはお産と同じことと言われています。ちなみに男の人の千日の行は、女の人の一回のお産に相当します。

第十章　神霊からみた今という時代

大浄化の御神示「御用の無いもの通しゃせぬ」

大和之宮では毎月七日に開運祈願祭を執り行っています。その中で「通りゃんせ」を歌う神事があるのですが、毎年二回繰り返して歌っているのを、一昨年から大神様の御神示により一回だけということになりました。これは時間を表していますから、いよいよその時が近づいたのだという緊迫感が走りました。

さて今年（平成十四年）最初の祈願祭でのことです。通りゃんせの音楽を流し始めると突然神様から「半分に切る」という御指示が入りました。私は目隠しをして音楽を聞きながら神様を降ろしていましたから、途中で口をきくわけにもいかず、一生懸命手を上げて合図を送っていました。

神事の最中にはこのように何が起こるかわかりませんから、私は職員に常に私を見ているようにと指示しているのですが、この時は見ていなかったらしく私の変化には誰も気がついてくれませんでした。

すると神様が突如としてお暴れになり、私の体を使ってけたたましい音をお立てになりました。さすがに気がついた神事長が私のそばに駆け寄って合図を理解し、通りゃんせはその時点でプッンと切られました。歌は「御用の無いもの通しゃせぬ」の部分で切られ、そのあとはカットされたのです。

これが御神示です。神は御用のある者とない者を真っ二つに割ると宣言なさったのです。今までは「通しゃせぬ」と言われても「この子の七つのお祝いに……」と言い訳を言うのが許されたのですが、今回はここで切られてしまいましたから、もう言い訳も聞かないということです。

平成十四年は七＋七で真二つになります。西暦にしても２００２年ですからやはり真二つになり、さらに皇紀が二六六二年ですからこちらも真二つに割れてしまいます。このうに数霊的にも二分割は三種類の暦に示されています。西暦と皇紀の二つが、上から読んでも下から読んでも同じ数字になるのは千年に一度のことで、大神様はこれを「千歳《ちとせ》先の神経綸」とご教示くださいました。すなわち、この年から日本復活の神経綸が発動するのです。加えて今年は午《うま》年で太陽の位置は南天に入り、大神様の大きな動きが示されるときでもあります。大神様は私に「うま」を「宇真《うま》」と教えてくださいました。午年は宇宙の真理が働く年でもあるのです。

私は今年厄年を迎えました。神事に携《たずさ》わる者にとって厄年は役《やく》年で、お役を果たす年になります。まさに御用を果たさなければならないのです。私の御用は国の御柱と天の御柱を建てることに尽きます。そのことについては昨年十二月二十七日の餅搗《つ》きの折に象徴的なことが起こりました。

大和之宮の餅搗《つ》きは私の「餅搗《つ》きつきつき、つきがでる」という神歌に乗せて行われます。「つきがでる」以下は毎年自然に口をついて出る言葉に任せているので不定形です。

歌に合わせて調子良くペッタンコとしていたとき、勢い余ったのか餅を搗いていた総長の杵が臼を直撃し、杵が壊れて木屑がお餅の中に入ってしまいました。「何してくれるのよォ」と私が文句を言っていると「天恵良いのじゃ、また言霊じゃ午のときに入った」という大神様のお声が入りました。

「杵」から「木」を取ると「午」です。さらに入った「き（＝木）」に運びを表す「ん」がついて（＝搗いて）きん、すなわち金が入るという言霊が、総長の杵壊し事件には含まれていたのです。大神様はこの午年に私に御柱を建てよとの御指示だったのです。

国の御柱は昨年ご皇室に新宮様がお産まれになったことで建ちました。天の御柱はこの天恵が必ず今年建てねばならないことです。この天の御柱を建てることによって、私は傾いた地軸を元に戻さねばなりません。

このことがあった十二月二十七日、折しも信徒さんの一人から巨大な水晶の御奉納が連絡されたのでした。私はこの原石の写真を見てびっくりしてしまいました。私がかつて宮で拾った光る石とまったく相似形だったからです。私が神棚に奉ってあるピカピカ石はほんの小さなものなのですが、今度来る石はそれの数百倍ではきかない程の巨大な石です。私はまたしてもこの世とあの世のスケールの違いに驚かされました。

神々の御計画と御働き

神様の御計画は十五の単位で区切りがあります。徳川幕府十五代、鎌倉幕府十五代、室町幕府十五代、そして自民党の独裁政権が終焉を迎えたときの最後の首相が宮沢喜一で、彼は自民党の十五代目の首相でした。

十五の数霊は満月を意味します。つまり完全を表しているのです。満つれば欠くるが世の習いと申しますが、神の御計画も十五で万願となって次に運ばれるのです。私に降ろされた神々の御計画もすべてこの十五で区切られています。

最初は大浄化の時代。これは昭和六十一年から平成十三年の期間です。これは神様から見た時代で実際は若干のずれがあります。

ずっと以前のこと、神様の御計画で関東に大地震が起きるとのお知らせがありました。あまりにも唐突でしたから、私は自分の命と引き換えに世の中の時計を三分三十秒遅らせてしまいました。一分が一年に相当しますから、神々の運行は三年三ヵ月後ろにずれ込んでしまったのです。

この件で私は神の怒りに触れ、朝の六時から七時半の間意識不明になってしまいました。この時私は天に帰っていくときは足から逆さまになって上って行くのだということを知りました。生まれてくるときは頭からで、死ぬときは足からなのです。いつも人間は逆さまのようです。

意識不明になっている間に、私は湯殿山で神様の裁判にかけられてしまいました。神様の計画を狂わすような者に、これまで通り救世主としての仕事を任せても良いのかどうかを審議されたのです。

裁判には天恵をお使いの天照様をはじめとする全ての神々様が、引責ということでお並びでした。一時間半に及ぶ裁判の結果、私にもう一度やらせようということになり、今度は予《あらかじ》め計画書を天恵に渡しておくことが決まったのです。

かくして大浄化の時代は三年ずれ込んだ平成十六年までとなり、今はその真っ最中というわけです。大地震などの天変地異や戦争などの人災が相次ぐのはこの期間ということになります。

平成十六年からは大建設の時代に入ります。日本の国の蘇りを賭けた国家の大建設が始まり、日本は型示しですから、この年からは世界も大建設の時代に突入します。そして大和之宮では平成十七年に遷宮が予定されているのです。

それから十五年後の平成三十二年、西暦で言えば２０２１年からは大調和時代となります。この時代は世界中が仲良くしていく時代なのですが、いわゆるワンワールドではありません。

ワンワールドは世界中をひとつの独裁権力が掌握することです。来たるべき大調和の時代は、各国家が互いを認め合い尊重し合う形で仲良く手を携えていくのです。この時代はまた自然との共存共栄が求められる時代なので、ここに日本古神道は俄然クローズアップされて世界中に認められるものになります。このとき宗教は宗道となり、真の宗教の形が世界中にあまねく拡がるようになります。

大調和を経ますと次は大融合、そして西暦２０５０年からは大天意の時代を人類は迎えるのだと神様の計画書には書き込まれています。

今は大浄化の真っ只中です。この時代に、盛り上がっているものは沈みます。海に沈むもの、水に沈むもの、土に沈むものも出てきます。大地震が叫ばれていますが、地震という言霊は自身につながります。

大神様から降ろされた「懺悔の心」には「神々の怒りおほひなるものあり　神々の怒り

を鎮めるに　我々人間一人一人がつくりし罪を認め心から懺悔すべしことなり　天照坐皇大御神の御神示にあらせらるる十の罪許しがたし　寄って震災現はるなり…」とあります。地震＝自身＝我々人間一人一人ですから、罪を認めなければ「寄って震災現はるなり」で、これは神が人類に対して発した警告なのです。神様が罪としているのは次の「十の罪」ですから、どうか自身で噛みしめてみてください。

十の罪

一、肉欲を求め快楽を享悦せしはこれ神の御心に反するものなり　夫婦一対にし神前に誓ひし者ゆるされるものなり　肉欲の乱れは世の中の乱れの根元なり

二、自然の力の恐ろしきも知らずに次々に緑を消すこと合ひまかりならぬ事なりき　神々の居はしまする所の山々に大穴を掘り　大海原を埋め立てることまかりならぬなり　自然の破壊は世の中の墓場をつくるなり

三、神仏の御加護を受けようとせず　自ら勝手な行動をとるは　己を破滅に追い込むなり　神仏の罰はこれ即ち神仏をあがめる事を知らぬ者に対するものなり　人間は愚かなり

四、この世の中で最も強くなっているものは金なり　金は根と化し根は大木をくつがえし

道理と心理の道を築かぬことなり
五、人の心は貧しくも　人の心は悲しくも救いの手にたよりなし　神仏を信仰する心なくば最悪なり
六、この世でとても浮かばれぬ水子の霊の多くなりしは　社会悪の根元なり　懺悔の心消失したる人々には恐ろしき祟《たた》りなり
七、物質の文明こそは日の出《いず》る国の勢ひと栄《さ》かり　おごれる人々の心やがては近づく死の階段　悔い改めねばまっしぐら
八、心の乱れに乗じ悪霊の住居になりしは金権ばかりを目的とする　神仏にあやかり　あやまちの数々を現はす　宗教の乱れの根元は団体なり
九、人の心の荒れすさむはすざまじき　愛を唱へる者は無し　寒々と冷へし心のすきま風
十、今昔問はず言はれしことは御告げの中に数ありき　耳もかさぬは愚かなり　政《まつ》り事正しくすれば御光に導かれて　世は栄へるなり

私が予告された地震を止めるために行ったのは、時計の針(時針《じしん》)を止めることでした。しかしそのような技は二度と使えませんから、阪神（＝半身）の次は全倒壊（＝全東海）と言われていますので、私は「御砂撒《おすなま》き」を東海地方の信徒さんにお願いしました。

御浄めして入魂した御砂を公共施設を中心に撒いてもらったのですが、これが東海豪雨の時に思わぬ役に立ちました。御砂を撒いた場所だけ被害を免れたのです。それまでの台風などで毎回浸かっていた地域も、あれほどの豪雨にもかかわらず浸水の被害を被らなかったのです。もっとたくさんの人の協力を得ることが出来れば、天災人災からより多くの地域を免れさせることができると、私は呼びかけています。

このことで御砂の別の威力を知った私は、地震除けだけではいけないことを感じて、「日本国地震除け災害除け祈願祭」と名を改めて愛知県で祈願祭をすることにしました。なぜ愛知かというと愛知が危ないからです。

私の祈願の言葉は「震災を起こしませんように」です。普通なら「起こりませんように」ですが、神様が「起こす」とおっしゃっているから「起こしませんように」と言っているわけです。私たちは今、「起こしませんように」と祈るしかないのです。

大浄化は日本だけで起こるわけではありません。日本はヒナ型ですから日本で起こることは全世界でも起こるのです。それのわかりやすい例が温暖化現象です。日本の太平洋側は温暖化が特に顕著で、亜熱帯にしか生息しない動植物が元気に成長したり都会にスコールのような雨が降ったりしています。これは地軸のゆがみが作用しているわけですが、この現象はこれから世界中でますます拡がります。

平成十四年一月二日、名古屋で四十年ぶりと言われる大雪が降ったのもこれからのことを示唆する大変象徴的なことでした。積雪量は十七センチ。十七という数霊は宇宙的な動きを意味するものです。天御中主大神から神代七代に至るまでが十七代ですから、それをもとに聖徳太子も十七条の憲法をおつくりになっています。

名古屋は尾張ですから「尾張（終わり）が始め」の言霊も作用して、平成十四年一月二日の合計数十七の日に本格的な大浄化の開始が知らされたのです。

次いで四十年ぶりという数霊ですが、四十年、五十年など十の位でスパンと切り取られた年数にはやはり何らかの意味を含むことや大きな事件が多いものです。歴史は繰り返すと申しますが、「何年ぶり」という時にはそのあたりまで遡ってみる必要があります。今から四十年前ですと西暦１９６２年ですから、その前後二、三年の幅を持って少し振り返ってみましょう。

まず１９５９年（昭和三十四年）には今上陛下の御成婚がありました。御皇室の慶事です。その御慶びの半年後には未曾有の被害をもたらした伊勢湾台風が名古屋を中心とした中京地方を襲っています。この時の死者・行方不明者は五千人以上、被害家屋は約五十万戸、被災者数は約百五十三万人を数えています。

翌１９６０年（昭和三十五年）は日米安保条約をめぐって日本中が大荒れに荒れ、その秋には社会党の浅沼委員長が十七歳の凶行によって倒れています。翌年「地球は青かった」のガガーリン少佐が人類初の有人宇宙飛行を成功させています。

そして１９６２年（昭和三十七年）。常磐線三河島駅で列車どうしの二重衝突が起こり、死者１６０人の大惨事になりました。海外に目を移しますと秋にはキューバ危機が起こって世界中で核戦争への危機感が高まりました。この危機は間一髪のところで回避されたものの、翌１９６３年（昭和三十八年）には米国大統領ケネディが暗殺されて全米が悲しみに包まれました。このニュースは計らずも成功したばかりの日米間衛星中継の第一報として日本にも同時中継されたのです。

同じ年、日本では福岡の三井三池三川炭坑で炭塵爆発事故が発生し、死者四百五十八人を数える戦後最大の炭坑災害になってしまいました。

最後に１９６４年（昭和三十九年）、この年にマグニチュード７・５の新潟大地震が起こっています。

如何でしょうか。ここ二、三年の様子と照らし合わせてみますと、あまりに多くのニュースが類似していることに驚かれるのではないでしょうか。

平成十四年、神は行動を起こされる

平成十四年のお正月は天気予報では曇天ないしは雨であると直前まで言われていたのですが、いざ年が明けてみると三が日ともピカピカの上天気で、私がおります山形では素晴らしい初日の出を立派に拝むことが出来ました。これはもはや天気予報が大幅に狂い出してしまったことも意味しますが、いよいよ天照坐皇大御神様の御光が山形から出ずることを意味しています。

平成維新の始まりです。折しも小泉首相は年頭の挨拶に紋付袴で立たれました。純粋なる日本復活への希望をあのような伝統的装束で表明なさったわけです。

国の維新、人の維新、天の維新――。平成十四年は維新の年なのです。維新は威信という意味を含んでいます。新宮様の御名で敬天愛人の西郷隆盛が復活したのです。私は以前西郷隆盛が自刃した場所に地鎮と慰霊を行なってきました。その時、祈りとともに辺りが金粉で包まれたので、参加者は皆びっくりしてしまいました。

西郷隆盛慰霊を終えての帰り道、急に大黒様がお呼びになる声がしたので、私はバスを止めてもらい、お声に従って一体の大黒様を購入しました。そもそも私の神事は湯殿山から始まっていますので、湯殿の御祭神である大黒様（大己貴神《おおなむちのかみ》）とは深いご縁があります。この鹿児島旅行のとき参拝した君が代発祥の神社、大宮神社も御祭神は大黒様であり、私はそこで二十三年間の修行の終わりを告げられたのです。

行の完了とともに大黒様を祀ることを許された私ですが、その後畳み掛けるように大黒様にまつわる御神示やご縁をいただき、以前祖母が福島から来た人から購入した大黒様、湯殿山閉山式でいただいた大黒様、大神様からの御指示で大和之宮のすぐ近くのお店から購入した大黒様と、都合御四体の大黒様を大和之宮は御祀りすることになりました。

これで四組、つまり「しくみ」が出来上がって神の経綸がいよいよ御発動になられる仕組みが出来上がったわけです。

この仕組みが出来上がったことで国の御霊が大きくなったので、まず御皇室に新宮様が誕生されました。二番目としては文化の蘇りが日本国中で図られるようになりました。第三番目としては国民の目が政《まつりごと》、つまり政治に向くようになりました。これは大変に大きなことです。第四番目はこれから成っていくことですが、国体の護持、憲法改正、教育改革が始まるようになります。

以上のようなことを含めて、これから濁ったものが見えてくる透明の時代が始まります。これが大和之宮に納められた水晶、神玉様のお働きです。透明の時代になると今まで隠されてきたことが、火あぶりのごとく全部暴かれてきます。政治家と官僚の一大モラルの改革を大神様はなされるのです。

今年の年頭に税務官僚と政治家が中軸になった事件が発覚しましたが、その主舞台は山形でしたから、型示しの原理がありありと示されたわけです。しかも発覚の端緒となったのがライジングプロという名前の芸能プロダクションですから、まさに南天した太陽が真上から「お天道様が見てござる」という状態に入ったわけです。

神様は人間を動物と真人間に二分割なさることは繰り返し述べてきましたが、悪者と善人もきちんと炙《あぶ》り出してお分けになるのです。今までは「正直者が馬鹿をみる」と言われてきましたが、今度は「悪だくみ者が馬鹿をみる」になってきます。これを大神様は「霊《み》魂《たま》返りの神経綸」とおっしゃっています。良いものは良いになり、悪いものは悪いとなるように全部ひっくり返されるのです。

これは「天橋立《あまのはしだて》」のかたちです。天橋立は逆さまにならないと正しく見えないのです。逆さまとは元に戻すことです。完全に勧善懲悪がなされる世の中にすることは、「元を元とし、本を本とする」と倭姫命《やまとひめ》様が教えられた「元々本々《げんげんぽんぽん》」の教えに立ち返ることです。日本は型示しですから、世界でも悪が暴かれて国家的な悪も世界に表れてきます。

東京に鸚鵡《おうむ》が飛ぶなどして、日本が亜熱帯の様相を示すほどに地軸の乱れも顕著になっています。数々の予言書にも「夏が冬になり、冬が夏になる」というポールシフトを彷彿《ほうふつ》とさせる記述が多く見られますが、かつてマンモスや恐竜を絶滅させたような規模のものが起きてしまっては、大惨事どころか人類は絶滅してしまいます。
これを阻止すべく、大和之宮では一日も早く天の御柱を建立して地軸の調整に取りかかろうとしているのです。

全ては「自らが」ですから、私たち個人個人も自らが大浄化を乗り越えるための努力をしなければなりません。そのためにはまず自分を知ることです。自分を知るための方法は、自分で自分の長所と短所を各二十ずつ挙げることです。これをすれば他人の嫌なところも「自分の中にもあること」として寛容が芽生え、怒らなくなって争いが起こらなくなります。浄化の「浄」は字の如く争いを水で流すことです。自分を知れば争いが起こらなくなるという原理は、国家間でも同じことです。

自分が見えてくると謙虚さが生まれますが、それとともに「恥ずかしい」という心が出てきます。恥知らずと言われる人は自分のことがわかっていない人です。恥ずかしさがわかる人は生き残れます。恥を知るのは人間の証拠だからです。動物には恥という概念がありません。恥の美学が人も国をも救うのです。

さらに縦のけじめが復活しないことには、日本も日本人も浄化の時代を乗り越えることができません。親は親として子供の上にいなければなりませんし、上役は上役としての立場を自分も部下も尊重して、礼儀を正さなければなりません。

礼儀を欠く、つまり失礼があまりにも横行しすぎています。その端的な例が服装の乱れです。服装のだらしなさは行儀の悪さと同じで、恥ずかしいことを知らない証拠です。「恥」という文字は耳（霊身《みみ》）と心から成っていると私は大神様から教えていただいています。ですから恥が無い人は、霊身に心が無い人のことです。私は御籠もりの行をするときはいつも、自分の至らない部分が丸見えになって恥ずかしさで一杯になってしまいます。

自分は人間であることを自覚してください。人間であるためには人間を人間たらしめている行動を取らなくてはならないのです。それが恥を知ることであり、礼儀作法なのです。動物には恥も礼儀もありません。人間としてみっともないことはしていけません。「みっともない」は「見とうもない」からきています。

私は山形の駅前でガングロ姉ちゃんの群れを目の当たりにしたとき、思わず心の底から「見とうもないッ！」と叫んでしまいました。それから間もなく日本中からガングロ姉ちゃんたちが姿を消していったのです。

みっともなくないように服装や髪を整えることは、礼儀作法のいろはのいです。

一昔前までお正月は正装で迎えたものでした。儀式の折は下着まで新品にして臨んだものです。気がついた家庭からお始めください。恥ずかしい、みっともないがわかると人間になることができます。人間であることはまた、己が未熟者であることを知ることでもあります。そうすると謙虚になれます。

今は綱渡りの状態です。まかり間違えば奈落の底に墜落しますが、一本の道をまっすぐに行きさえすれば渡りきれます。信仰という一本道を歩むことです。

どこの国にも宗教教育はあるものですが、それをきっちりやっている国が生き残るのです。霊性が高まるからです。霊性が高まると気の流れが読めるようになります。気に流れがあるときは身体が予感します。大異変が起こるときは真っ先に天が教えてくれますから、天の気を読めるようにするのです。

霊性を高めるためにはお参りに行くことです。どなたの近くにも神社があるはずですから、まず行って自分の名前と顔を神様に覚えていただくのです。顔も名前も知らない人を神様は救いようがありません。

あとがき

この本をお読みになられた方には、どうか奮い立っていただきたいと願っております。神国日本の底力を目の当たりにした勢力によって、日本は日本を神国たらしめている全ての要素を骨抜きにされてしまいました。神、神話、歴史、武士道精神、道徳、品性、家族、伝統的文化……。

戦後に日教組やマスコミが喧伝《けんでん》した自虐的歴史や自虐的国家観は、古き良き時代に非合法活動をしていたいわば「ならず者」等のでっち上げに他ならないことが、多数の識者の手によって次第に明らかにされてまいりました。

〝ならず者史観〟に惑わされてはなりません。今、世界はグローバル化に向かって突き進んでおります。しかしそんな中にあって、独自の文化や伝統を持ち、正しい歴史に支えられている国の国民であることは大変幸せなことです。

紛争、戦争、テロリズムが横行する世界の国々の中で、少々平和ボケの感は免れないながらも、こんなにも安穏な日常に恵まれ、まずまずの衣食住に恵まれて暮らすことができることに、私たちは感謝の念を捧げなくてはなりません。

これらのことはひとえに、目には見えない御神仏様がおいでになり、天皇皇后両陛下がきちんとお祈りしてくださって、私たちを幸せに導いてくださっているお陰です。

私は古神道を伝承するものとして、この本をお読みくださった皆々様が、御神仏様と天皇皇后両陛下への御恩を心深く受けとめて生活をし、家族の絆を深め、御神仏、御先祖様を大切にし、神国日本の一員として皆で力を合わせていただけるようになれば、これに勝る喜びはありません。

このたび大神様が霊界より現界に世界最強の神石様を降ろされ、この本の出版の直前に大和之宮に御鎮座なられました。この神石様は高さ百七十センチ、幅・厚みとも百センチを超える巨大な水晶の原石で、エネルギーの強烈さは計器類を狂わせる程強烈です。

神石様はお顔があるいわば人面石になっていますが、このお顔が恐ろしい形相となるか、はたまた福々しい柔和なお顔に見られるかは私たちの生き方にかかっています。

神石様は水晶ですから、私たち一人一人も世の中も丸見えになるかの如く見透かされ、ひいては日本も世界も透明化の時代に突き進んでまいります。

大神様が望まれる澄み切った世の中、皆が認め合い、真心で結びついた真の平和に満たされた世界が一日も早く訪れるように、私は全身全霊を込めて神石様にお祈りをしていきたいと思っております。

最後に出版に際して多大なるご協力を賜りましたたま出版の皆様、ならびに村瀬淳子様に心から感謝申し上げます。

平成十四年七月吉日

大和之宮　宮主　安食天恵

〈著者紹介〉

大和之宮 宮主・安食 天恵（あじき てんけい）

1952年、山形県飽海郡松山町に生まれる。

1973年より幼稚園教諭として2年半を送る。

1977年長男出産時より、神霊の世界にたずさわるようになり以後今日に至るまで、超神霊体験を重ね、宇宙霊界と神霊界より啓示を受け、数々の奇跡を実現している。

1986年2月、宗教法人大和之宮を設立。

2001年2月、宗道大和之宮と名のる。日夜、大和真道（古神道）の布教につとめている。

著書『神玉界からの与言の書』『心のとびら』『心の花束』『天啓の道』（以上すべて元就出版社刊。『天啓の道』は限定版）、『いま国と人を救う「大和真道」』（たま出版）ほか。

【お問合せ・連絡先】宗教法人　大和之宮
〒990-0825　山形県山形市城北町2丁目2番8号
TEL.023-643-3333 FAX.023-643-3822

神ノ国　現《ア》レマセリ

2002年7月14日　　初版第1刷発行

著　者
安食　天恵

発行者
韮澤　潤一郎

発行所
株式会社　たま出版
〒160-0004 東京都新宿区四谷4-28-20
TEL 03 (5369) 3051（代表）
http://tamabook.com
振替00130-5-94804

印刷所
東洋経済印刷株式会社

ISBN4-8127-0059-0 C0014

魂の覚醒こそ現代の危機を突破する鍵！

いま国と人を救う「大和真道」

大和之宮 宮主
安食天恵・著

危機に瀕する日本と日本人を救うのは古神道！
神様と身近に結ばれる生活を送ることで
魂が覚醒すれば、日本は救われる。
今こそ「信仰」から「神向」への転換を！

四六判上製１８６頁　定価（本体１３００円＋税）　たま出版刊